AF523795

COMMENT SE FAIRE DES AMIS

Paru au Livre de Poche :

COMMENT AVOIR UNE VIE PLUS RICHE
COMMENT PARLER EN PUBLIC
COMMENT RÉSOUDRE LES CONFLITS
COMMENT VAINCRE LE STRESS ET LES SOUCIS
COMMUNIQUER : VOTRE VOIE VERS LE SUCCÈS
COMMENT SE FAIRE DES AMIS À L'ÈRE NUMÉRIQUE
COMMENT TROUVER LE LEADER EN VOUS

DALE CARNEGIE

Comment se faire des amis

Nouvelle édition
établie par Donna et Dorothy Carnegie

TRADUCTION MISE À JOUR PAR DIDIER WEYNE,
PAUL BENITA ET BÉRENGÈRE DE MONTMORILLON (PRÉFACE)

LE LIVRE DE POCHE

Titre original :
HOW TO WIN FRIENDS AND INFLUENCE PEOPLE
Publié par Simon & Schuster aux États-Unis en 2022.

Entraînements Dale Carnegie®
Siège international pour 70 pays
Dale Carnegie & Associates, Inc.
290 Motor Parkway
Hauppauge, N.Y. 11788
U.S.A.
(www.dalecarnegie.com)

ISBN : 978-2-253-23871-3 – 1re publication – LGF

AVERTISSEMENT

Le titre a pu vous paraître choquant... Comment se faire des amis *constitue cependant la référence des relations humaines de qualité, nécessairement sincères et généreuses.*

Le bien fondé et l'approche pratique de ce livre le placent parmi les dix best-sellers mondiaux en non fiction de tous les temps.

Les principes de relations humaines proposés ici restent novateurs et sont universellement utiles. Aussi Dale Carnegie est-il considéré comme le « Père des Relations humaines ». Ses méthodes, de plus en plus suivies en Europe et à travers le monde, s'avèrent merveilleusement d'actualité.

Certains exemples du livre sont loin d'être récents, mais leur saveur et l'enthousiasme de l'auteur mettent bien en valeur des moyens applicables tous les jours, dans la vie professionnelle, familiale et sociale.

Plus de 150 000 personnes vivent chaque année l'Entraînement Dale Carnegie® à la Communication et au Leadership : ils progressent ainsi dans la confiance en soi, la parole en public et les relations humaines.

Gérard WEYNE

Ce livre est dédié à une personne
qui n'a pas besoin de le lire,
mon cher ami Homer Croy.

SOMMAIRE

DEUXIÈME PARTIE

Six moyens de gagner la sympathie des autres

TROISIÈME PARTIE

Douze moyens de rallier les autres à votre point de vue

QUATRIÈME PARTIE

Soyez un leader : neuf moyens de modifier l'attitude des autres sans irriter ni offenser

HUIT POINTS SUR LESQUELS CE LIVRE VOUS AIDERA À PROGRESSER

1. Éveiller en vous de nouvelles pensées, de nouvelles perspectives. Bousculer la routine.
2. Vous attirer facilement et rapidement des amis.
3. Vous faire apprécier davantage.
4. Rallier les autres à votre point de vue.
5. Développer votre influence, votre ascendant, votre capacité à faire agir.
6. Faire face aux critiques, régler les conflits, garder l'harmonie dans vos contacts avec les autres.
7. Développer vos talents d'expression et de communication.
8. Susciter l'enthousiasme parmi vos collaborateurs.

Traduit en trente-sept langues, ce livre a aidé plus de quarante millions de lecteurs à atteindre ces objectifs.

PRÉFACE

Je suis la fille de Dale Carnegie, et à ce titre je suis particulièrement ravie de vous présenter cette nouvelle édition de *Comment se faire des amis*. Voilà l'occasion que nous attendions depuis longtemps de lui donner une nouvelle fraîcheur tout en gardant la langue et le contenu d'origine. La première parution date de 1936, mais les informations que vous allez trouver dans ce livre ne sont pas obsolètes et conservent toute leur pertinence. Ce texte a marqué des générations entières de lecteurs et continue encore aujourd'hui d'en toucher. Le titre même est entré dans le langage courant : on le cite, on le paraphrase, on le retrouve dans tout type de littérature – des romans aux caricatures politiques.

Cela peut paraître surprenant aujourd'hui mais, au moment de sa publication, personne n'aurait pu se douter de l'incroyable accueil que ce livre allait recevoir. Surtout pas mon père. Ma mère, Dorothy Carnegie, l'a très bien expliqué en 1981 (date de la seule édition où le texte a été modifié) :

Lors de la parution de *Comment se faire des amis* en 1936, le premier tirage était de cinq mille exemplaires. Ni Dale Carnegie ni sa maison d'édition, Simon & Schuster, n'avaient prévu que les ventes iraient au-delà. À leur grand étonnement, le livre a rencontré un succès instantané et les réimpressions se sont succédé pour répondre à la demande grandissante.

Comment se faire des amis est devenu l'un des plus grands best-sellers internationaux de tous les temps et est entré dans l'histoire de l'édition. Il a touché une corde sensible, il a répondu à un besoin qu'on ne peut pas simplement imputer à la Grande Dépression. Voir qu'il n'a cessé de se vendre jusqu'à aujourd'hui le confirme. Il a été traduit dans presque toutes les langues écrites. Chaque génération l'a redécouvert et y a trouvé une pertinence.

Ma mère a écrit cela il y a plus de quarante ans et c'est encore vrai aujourd'hui.

Comment se faire des amis, vendu à trente millions d'exemplaires dans le monde, n'est pas seulement un modèle dans son genre. Il l'a plus ou moins inventé : c'était le premier dans son domaine. En 1936, il n'y avait pas d'étagères entières dédiées au développement personnel, comme on peut en trouver aujourd'hui. À l'époque, quand on parlait de développement, ou d'amélioration personnelle (*self-improvement*, en anglais), cela voulait dire qu'on cherchait à travailler ses bonnes manières ou ses connaissances en art et en littérature. On n'apprenait pas à se faire des amis avec un livre. Soit vous étiez apprécié et vous aviez du succès, soit vous n'en aviez pas.

Dale Carnegie a tout fait pour changer cela. Il savait que les relations humaines pouvaient s'enseigner. Il a donné des cours dans des formations pour adultes pendant des années. Le plus populaire s'appelait l'Entraînement Carnegie. C'était un cours de prise de parole en public, mais il traitait de bien davantage. Dale Carnegie était convaincu qu'apprendre à parler devant une assemblée pouvait donner aux gens l'assurance qui leur manquait pour porter leurs idées et que c'était la première étape pour les aider à devenir les personnes qu'ils souhaitaient être. Mon père trouvait ce travail à la fois compliqué et gratifiant. Ses cours marchaient bien et l'occupaient suffisamment, si bien que l'idée ne lui est jamais venue de rassembler ses leçons dans un livre. Jusqu'à ce que Leon Shimkin vienne le voir.

En 1934, Shimkin, éditeur brillant et prometteur chez Simon & Schuster, a assisté à une conférence de mon père et a été suffisamment intrigué pour s'inscrire à un Entraînement Carnegie. Il a été si impressionné par ce qu'il a vu et entendu pendant les premières sessions qu'il a pressé mon père d'écrire un livre.

Au début, mon père était peu enclin à se lancer dans un projet de cette envergure, qui lui laisserait moins de temps pour ses cours. Mais Shimkin a persévéré. Il sentait qu'il y avait un marché pour « l'art des relations humaines ». Il a persuadé mon père d'esquisser une trame à partir d'enregistrements de ses cours. En travaillant sur cette ébauche, mon père a commencé à saisir le potentiel de ce projet et à s'y investir.

Il disait : « Je n'ai pas vraiment écrit *Comment se faire des amis*. Je l'ai assemblé. Je n'ai fait que transcrire sur le papier les cours que je donnais aux gens pour leur donner confiance dans leur vie professionnelle et personnelle et les conseils utiles qu'ils me donnaient. » Il ne pouvait pas se douter à ce moment que le texte trouverait un public bien plus élargi que ses cours.

On était au milieu des années 1930 et les effets de la Grande Dépression commençaient à s'atténuer. En Europe, la guerre menaçait, mais aux États-Unis l'avenir s'éclaircissait et les gens commençaient à relever l'économie, à reconstruire leur vie. Après les privations endurées pendant la décennie qui venait de s'écouler, le climat était maintenant celui d'un optimisme prudent. Les gens voyaient poindre un avenir meilleur à l'horizon ; il devenait possible pour eux de réaliser leur potentiel. C'était le moment parfait pour un livre comme *Comment se faire des amis*.

Quand celui-ci est arrivé en librairie, il a vraiment touché quelque chose chez les gens. L'effet a été immédiat : en trois mois, un quart de million d'exemplaires se sont arrachés. Encore aujourd'hui, les ventes vont bon train, ce qui montre que le désir de lien et le besoin de se développer font partie du psychisme humain.

Ce qui nous amène en toute logique à cette question : pourquoi modifier un classique qui a déjà prouvé sa valeur intemporelle et qui continue d'exercer un attrait universel ? Pourquoi risquer d'abîmer la recette du succès ?

Encore une fois, ma mère l'avait déjà bien dit en 1981 :

> Pour répondre à ça, il faut savoir que, de son vivant, mon mari révisait inlassablement son propre travail. Il ajustait et améliorait constamment ses cours pour les adapter aux besoins changeants d'un public qui ne cessait de croître. S'il avait vécu plus longtemps, il aurait lui-même mis à jour *Comment se faire des amis* pour suivre les changements culturels qui ont eu lieu dans le monde depuis sa première publication.

Dans cette nouvelle édition, nous avons prolongé la tradition de mon père et souhaité que son œuvre reste assez actuelle pour parler à la prochaine génération de lecteurs sans s'écarter de la puissante authenticité de l'original. Mon père écrivait comme il parlait, d'une manière vive et exubérante qui découlait de ses racines rurales (il était originaire du Midwest), et nous ne voulions pas changer ça. Nous avons gardé le style Carnegie, jovial, impétueux (il y a même encore du jargon des années 1930) – une voix qui encourage les lecteurs à mettre en œuvre des changements parfois radicaux dans leur relation à leurs familles, leurs collègues, leur communauté.

Nous n'avons pas « changé » *Comment se faire des amis*. Nous l'avons seulement retouché, car nous ne voulions ni réécrire un classique ni réduire la magie des mots de mon père.

Nous avons éliminé certaines références à des personnes ou à des événements que des lecteurs aujourd'hui ne connaîtraient pas ou dont nous avions l'impression qu'ils étaient trop déconnectés de la réalité du monde actuel (y compris du contenu qui avait été ajouté plus tard, lors de l'édition de 1981). Nous voulions revenir le plus près possible de l'original tout en le rendant propre à être lu demain, alors nous sommes repartis de zéro et avons travaillé à partir de l'édition première de 1936 – la source non diluée.

Dire que *Comment se faire des amis* est intemporel est encore insuffisant pour décrire son impact. Même ceux qui n'ont jamais lu le livre connaissent certaines des idées qu'il développe. Les principes de mon père étaient complètement en accord avec les besoins et les envies de tout le monde. Ils ont tout de suite été adoptés par les *business leaders* de l'époque et sont présentés aujourd'hui comme des stratégies « de pointe » par les ressources humaines et les programmes de direction d'entreprise. Les professionnels autant que M. et Mme Tout-le-Monde les ont empruntés, les ont reformulés et présentés autrement, offrant la promesse d'augmenter votre confiance en vous, de développer vos compétences managériales et d'améliorer votre vie sociale.

Mon père n'a pas inventé les concepts sur lesquels il a écrit, mais il a été un précurseur dans sa manière de les présenter. De nombreux essais à succès se sont inspirés du contenu de *Comment se faire des amis*, de nombreux gourous actuels du développement personnel doivent leur argumentaire et leur réussite aux bases posées par ce livre il y a près de quatre-vingt-dix ans. Le thème dominant et point pivot de ce livre, c'est d'apprendre à voir les choses du point de vue de l'autre.

Nous vivons dans une époque de tensions politiques et de bouleversements sociaux, rendant plus important que jamais de travailler nos relations humaines. Les pages qui suivent vous montreront comment avoir une conversation cordiale même en cas de désaccord, vous expliqueront pourquoi certains ne voudront jamais « entendre raison » et vous aideront à combler les fossés creusés entre vous et vos proches – si profonds soient-ils. La tâche n'est pas facile, mais elle est d'une importance vitale. Ce que vous trouverez dans ces pages, c'est une aide précieuse. De celles qui peuvent changer la vie.

De tels défis n'étaient pas faciles pour mon père. Il était le premier à reconnaître que, contrairement à ce que les gens imaginaient, il n'était pas un modèle en termes de relations humaines. Comme tout le monde, il avait du mal à mettre ses leçons en application. Il conservait une liste intitulée « TCS » – « Trucs complètement stupides que j'ai faits » – pour garder en mémoire ses maladresses. Par exemple : « On m'a présenté deux femmes aujourd'hui. Immédiatement oublié le nom de l'une d'elles. » Ou, lorsqu'il s'est montré impatient avec un secrétaire : « Moi qui reçois de l'argent des gens pour leur expliquer comment gérer la nature humaine, j'ai été aussi grossier et incapable qu'un homme de Cro-Magnon ! » Ou encore : « Perdu vingt minutes à détester Tom G. alors que j'étais censé écrire un livre sur la discipline de soi. »

Nous avons une magnifique anecdote dans la famille : un ami de ma mère, venu lui rendre visite, était arrivé juste après une dispute entre mes parents. Mon père était encore en train d'aller et venir en fulminant. Quand l'invité l'a fait remarquer, ma mère a désigné son mari du menton en disant : « Voici l'homme qui a écrit le livre. » Comme l'a souvent dit mon père, il a écrit *Comment se faire des amis* autant pour lui que pour les autres.

Cette révision a été pour moi un travail plein d'amour. Je n'avais que quatre ans en 1955, quand mon père est décédé, mais je me souviens bien de lui. Il était chaleureux, riait souvent, aimait les gens et avait toujours du temps pour moi. Il ressemblait tout à fait à la voix qui se fait entendre dans ce livre.

Dans mon travail sur ce projet, j'ai eu la chance de bénéficier de l'aide inestimable de l'écrivain Andrew Postman. Nous avons examiné et analysé ensemble à plusieurs reprises chaque ligne de *Comment se faire des amis* en éliminant tout contenu hétérogène et en discutant scrupuleusement de la moindre modification qu'on apportait, même la plus infime. Je remercie également pour sa contribution Stuart Roberts, notre éditeur chez Simon & Schuster, dont le soutien a été sans faille, et Joe Hart et Christine Buscarino de chez Dale Carnegie Training, pour avoir été de véritables caisses de résonance durant toute la durée du projet. Je crois que mon père aurait été très content du résultat. J'espère que vous le serez aussi, que vous trouverez utile la sagesse comprise dans ces pages et apprécierez le cheminement qui y mène.

Donna Dale Carnegie

POURQUOI ET COMMENT J'AI ÉCRIT CE LIVRE

Aux États-Unis, au cours des trente-cinq dernières années, les éditeurs ont imprimé plus de deux cent mille ouvrages. La plupart étaient mortellement ennuyeux et beaucoup n'étaient pas rentables. Le directeur d'une des plus importantes maisons d'édition au monde m'a confié récemment que, malgré son expérience, elle était déficitaire sur les sept huitièmes de ses publications.

Dans ces conditions, comment ai-je pu avoir l'audace d'écrire encore un livre ? Et comment puis-je espérer que vous vous donnerez la peine de le lire ? Je vais m'efforcer de répondre à ces deux questions.

Depuis 1912, je dirige à New York des séminaires destinés à compléter la formation pratique des industriels, fonctionnaires, membres de professions libérales, directeurs, ingénieurs et cadres d'entreprise... Au début, je me bornais à enseigner l'éloquence, ou plutôt l'art de s'exprimer avec plus de clarté, plus de puissance, plus d'aisance, aussi bien dans les entretiens ou réunions que dans les discours en public.

Cependant, à mesure que les saisons passaient, je comprenais que, si les participants à mes stages avaient grand besoin de connaître les lois de la parole en public, il leur manquait une science infiniment plus précieuse : cette « psychologie pratique », cet art de rendre agréables, harmonieux et constructifs leurs rapports professionnels ou personnels avec leurs semblables.

D'ailleurs, j'avais moi-même grand besoin de l'apprendre. Quand je repense à ces années, je suis effaré de constater à quel point je manquais souvent de finesse et de tact. Si seulement quelqu'un m'avait alors mis entre les mains un ouvrage comme celui-ci !...

En effet, le pouvoir d'influencer ses semblables est indispensable à tout homme qui vit en société, quelle que soit sa profession. Le comptable, l'architecte, le médecin ou l'ingénieur ne sauraient pas plus s'en passer que le vendeur, le cadre ou le directeur. Les études et les recherches, effectuées il y a quelques années à la demande de la Fondation Carnegie, ont révélé un fait extrêmement important : même dans les professions scientifiques comme celle d'ingénieur, la réussite est due pour *15 % environ aux connaissances techniques et pour 85 % à la personnalité*, à l'habileté dans les rapports humains, à la faculté de susciter l'enthousiasme chez les autres.

Pendant de longues années, j'ai dirigé des cours pour l'Association des ingénieurs, à New York et à

Philadelphie. Mille cinq cents ingénieurs environ se sont adressés à moi. Pourquoi ? Parce qu'ils ont compris, après des années d'expérience et d'observation, que les belles situations ne sont pas nécessairement confiées à ceux qui connaissent le mieux leur spécialité. Les hommes n'ayant que leur science technique abondent sur le marché. Mais celui qui possède la connaissance de son métier, *plus* le pouvoir d'influencer ses collaborateurs s'élève vers le succès.

Au temps de son activité la plus féconde, John D. Rockefeller confia à un ami : « Ceux qui savent influencer les hommes possèdent une qualité que je suis disposé à rétribuer davantage que n'importe quelle valeur sous le soleil. »

Vous seriez tentés de penser que tous les collèges s'efforcent de développer par leur enseignement la faculté la plus précieuse qui soit au monde ? Eh bien ! s'il se trouve un cours pratique et sensé de ce genre dans une seule université, il a, jusqu'à ce jour, échappé à mes investigations.

L'université de Chicago et l'association YMCA ont réalisé une enquête dans tout le pays pour déterminer en quoi les adultes désirent réellement progresser.

Cette enquête a duré deux ans et s'est terminée dans le Connecticut, à Meriden. Chaque habitant de cette ville fut prié de répondre à une liste de cinquante-six questions : « Quelle est votre profession ?... votre formation ?... Comment occupez-vous vos loisirs ?... Quels sont vos revenus ?... Vos distractions favorites ?... Vos ambitions ?... Vos soucis ?... Quels sont les sujets dont l'étude vous passionne le plus ?... » Et ainsi de suite. L'enquête révéla que la santé est la préoccupation dominante des hommes. Ce qui, ensuite, les intéresse le plus, ce sont leurs rapports avec les autres : la manière de les comprendre et de s'entendre avec eux, de gagner leur sympathie, de les influencer.

Le comité chargé de l'enquête décida d'instituer pour les adultes de Meriden un cours destiné à enseigner la science désirée. Dans ce but, il commença par chercher un manuel de psychologie pratique... et n'en trouva pas un seul. Il consulta alors le professeur Harry A. Overstreet, une des autorités les plus compétentes en matière de formation. Son livre, *L'Art d'influencer la conduite humaine*, pourrait-il convenir ? « Non, répondit-il. Je sais ce que vous voulez : mon étude s'en rapproche peut-être plus que toute autre, mais ce qu'il vous faudrait réellement n'a jamais été écrit. »

Je sais par expérience que la déclaration du professeur Overstreet est exacte. N'ai-je pas moi-même longuement et vainement réclamé un tel livre, une sorte de guide pratique, rationnel, aisément et immédiatement applicable ?

Puisqu'il n'existait pas, je l'ai écrit moi-même pour faciliter la formation des participants à mes stages. Le voici. J'espère qu'il vous plaira.

Pour me documenter, outre mon expérience personnelle, j'ai lu tout ce que j'ai pu trouver sur le sujet, articles de journaux ou de magazines, œuvres des philosophes classiques et des psychologues modernes… J'ai engagé un collaborateur que j'ai spécialement chargé de rechercher dans les bibliothèques tout ce que j'aurais pu omettre, ouvrages de psychologie, innombrables articles de journaux, biographies de grands hommes de toutes les époques…

J'ai personnellement interviewé une foule de personnalités : les inventeurs Marconi et Edison, les dirigeants politiques Franklin D. Roosevelt et James Farley, le grand homme d'affaires Owen D. Young, l'explorateur Martin Johnson, les vedettes de cinéma Clark Gable, Mary Pickford… et je me suis efforcé de découvrir les méthodes qu'ils employaient dans leurs relations avec leurs semblables.

J'ai condensé cette masse d'éléments en une courte conférence, intitulée « Comment se faire des amis et les influencer ». Je dis « courte ». Elle était courte… au début. Mais elle s'est allongée au point de durer une heure et demie, et, depuis des années, je la donne aux participants à l'Entraînement Dale Carnegie à la Communication et au Leadership.

Après la conférence, j'engage mes auditeurs à appliquer les principes que je viens d'exposer, et à venir ensuite relater les résultats obtenus. Quelle expérience passionnante ! Tous ces gens si désireux de se perfectionner sont enchantés à l'idée de travailler dans le laboratoire même de la vie, le seul qui ait jamais existé pour l'étude des comportements.

Mon livre n'a pas été « écrit » dans le sens habituel du mot. Il a évolué comme un enfant. Il s'est formé, développé, il a pris de l'ampleur et de la force dans ce laboratoire, nourri de l'expérience de milliers de personnes.

J'ai alors rédigé quelques principes dont la liste tenait aisément sur une carte grande comme la main. La saison suivante, la liste s'était allongée, puis elle se transforma en une série de brochures. Chacune d'elles grandit à son tour. Et aujourd'hui, après quinze années d'expériences et de recherches, je vous apporte ce livre.

Les principes énoncés ici ne sont pas simplement des théories, des suppositions. Ils produisent des résultats immédiats, presque magiques. Aussi incroyable que cela puisse paraître, j'ai vu de nombreuses existences transformées par leur application.

En voici un exemple. L'année dernière, le patron d'une entreprise de 314 personnes participait à notre Entraînement. Il avait toujours mené ses employés à la baguette, les critiquant et les réprimandant. Les paroles d'encouragement et de reconnaissance lui étaient étrangères. Après avoir étudié les principes exposés dans ce livre, cet homme modifia radicalement sa façon d'agir. Aujourd'hui, son personnel est imprégné d'un nouvel esprit de loyauté, d'enthousiasme et de coopération. 314 ennemis ont été transformés en 314 amis. Devant le groupe de participants, il a déclaré fièrement : « Autrefois, quand je passais dans mes magasins, presque personne ne me saluait. Certains employés détournaient la tête en me voyant approcher. Maintenant, tous m'apprécient, jusqu'au portier qui me demande de mes nouvelles. »

Grâce aux principes enseignés ici, d'innombrables commerciaux ont pu augmenter leur chiffre d'affaires. Beaucoup ont décroché de nouveaux clients, jusqu'alors sollicités en vain. Des directeurs ont gagné en prestige, en autorité, en rayonnement. Un cadre me confiait, la semaine dernière, que la promotion rapide qui lui avait été accordée était principalement due à l'application de nos principes. Un autre directeur, de la Compagnie du gaz de Philadelphie, allait être congédié à cause de son caractère agressif, de sa difficulté à travailler en équipe. Grâce à notre Entraînement, il put non seulement éviter le renvoi, mais même améliorer sa situation.

Lors de soirées organisées par d'anciens participants, nombre d'hommes et de femmes m'ont confié que leur foyer était beaucoup plus heureux depuis que leur conjoint avait suivi l'Entraînement Carnegie. Certains, particulièrement enthousiasmés, m'ont même appelé chez moi le dimanche, pour m'en faire part !

Une fois, tellement intéressé par une de nos séances, l'un d'eux est resté dans la salle à discuter jusqu'à une heure avancée de la nuit avec d'autres participants. À trois heures du matin, ils rentrèrent tous se coucher. Mais lui ne put dormir ; il était bouleversé par la prise de conscience de ses erreurs, transporté par la vision des possibilités de succès qui s'ouvraient devant lui…

Qui était cet homme ? Un naïf, un ignorant, prêt à gober la première théorie nouvelle qu'on lui présentait ? Loin de là : c'était le propriétaire d'une galerie d'art, un homme averti, cultivé, très mondain, qui parlait couramment trois langues et avait mené à bien des études dans deux universités étrangères.

Je reçus un jour une lettre d'un Allemand de la vieille école, un aristocrate dont les aïeux avaient pendant plusieurs générations servi comme officiers sous les Hohenzollern. Son message décrivait l'application des principes exposés ici, et témoignait avec passion de cette découverte.

Un autre de nos participants, vieux New-Yorkais, diplômé de Harvard, riche, fort connu dans la société, et propriétaire d'une grosse manufacture de tapis, déclara : « J'ai mieux appris à influencer les hommes en douze semaines d'Entraînement Carnegie qu'en quatre années d'études universitaires. » Absurde ? Ridicule ? Fantastique ? Vous êtes libre de qualifier cette déclaration comme il vous plaira. Quant à moi, je me borne à rapporter sans commentaires ces paroles, prononcées par un homme pondéré, au jugement lucide, lors du discours qu'il adressa aux six cents membres du Yale Club de New York, le jeudi 23 février 1933 :

« Comparés à ce que nous devrions être, disait le célèbre professeur William James, de Harvard, nous ne sommes qu'à demi éveillés. Nous n'utilisons qu'une faible partie de nos ressources mentales ou physiques. L'homme vit bien en deçà de ses limites. Il possède des pouvoirs de toutes sortes dont il ne tire généralement aucun parti. »

Le seul but de ce livre est de vous aider à mettre en lumière, à développer et à tirer le maximum de certaines puissances qui sommeillent en vous.

« Former un homme, disait John G. Hibben, ancien président de l'université de Princeton, c'est le mettre en état de faire face à toutes les situations. »

Si, après avoir lu les trois premiers chapitres de ce livre, vous ne vous sentez pas mieux armé pour faire face aux « situations de la vie », alors j'admettrai que mon ouvrage est, en ce qui vous concerne, un échec. Car, a dit un autre savant, Herbert Spencer, *le grand but de la formation n'est pas le savoir, mais l'action*.

Et ceci est un livre d'*action*. Alors passons à l'action !

HUIT CONSEILS QUI VOUS PERMETTRONT DE TIRER DE CE LIVRE LE BIENFAIT MAXIMUM

I. – Pour tirer de ce livre le bienfait maximum, il faut une qualité essentielle, plus importante que tous les principes. Sans cette disposition fondamentale, les meilleurs préceptes ne vous serviraient à rien. Mais, si vous la possédez, vous accomplirez des merveilles sans avoir besoin de lire ces suggestions.

Quelle est donc cette condition magique ? Tout simplement ceci : *le désir profond et irrésistible de vous perfectionner, la volonté d'apprendre à mieux vous entendre avec votre entourage.*

Comment pouvez-vous développer ce désir ? En gardant constamment présente à l'esprit l'importance qu'ont pour vous les principes recommandés ici. Représentez-vous la vie plus heureuse que vous mènerez en les appliquant. Répétez-vous inlassablement : « Mon bonheur, mon succès, ma réputation dépendent en grande partie du talent que je saurai déployer dans les rapports avec mes semblables. »

II. – Commencez par lire rapidement chaque chapitre pour en prendre une vue d'ensemble. Vous serez peut-être tenté de courir au suivant. Ne le faites pas, à moins que vous ne lisiez simplement pour vous distraire. Mais, si vous tenez réellement à savoir agir efficacement avec vos semblables, à vous attacher sympathies et concours, alors revenez en arrière et relisez le chapitre soigneusement. C'est ainsi que vous épargnerez du temps et, en fin de compte, que vous obtiendrez des résultats.

III. – *Interrompez-vous fréquemment pour réfléchir à ce que vous venez de lire.* Demandez-vous précisément quand et comment vous pourrez appliquer telle ou telle suggestion.

IV. – *Cochez ou soulignez les conseils que vous comptez utiliser.* Un livre jalonné de marques et d'annotations se révise beaucoup plus facilement et plus rapidement.

V. – Je connais une femme qui est, depuis quinze ans, directrice d'une grande compagnie d'assurances. Chaque mois, elle lit toutes les polices émises par sa compagnie. Parfaitement ! Elle relit les mêmes formules, mois après mois, année après année. Pourquoi ? Parce que l'expérience lui a appris que c'est pour elle le seul moyen d'en garder les clauses toujours claires dans sa mémoire.

Personnellement, j'ai autrefois passé deux ans à écrire un livre sur l'éloquence. Et, pourtant, il faut encore que je le parcoure de temps en temps pour me remémorer ce que j'ai écrit. La rapidité avec laquelle nous oublions est étonnante.

Donc, si vous voulez tirer de ce livre un bienfait réel et durable, ne croyez pas qu'il vous suffira de le parcourir une seule fois. Après l'avoir étudié attentivement, passez quelques heures chaque mois à le réviser. Gardez-le en permanence à portée de la main. Ouvrez-le fréquemment. Imprégnez votre esprit des possibilités de perfectionnement qui s'offrent encore à vous. Rappelez-vous que c'est seulement en gardant présents à l'esprit ces principes que vous parviendrez à les appliquer automatiquement et sans effort, à en faire votre seconde nature. C'est le seul moyen d'y parvenir.

VI. – Bernard Shaw nous dit qu'enseigner ne suffit pas à inculquer une science. La pratique est nécessaire. Shaw a raison. *Pour apprendre, il faut une attitude active et non passive. C'est en nous exerçant que nous nous perfectionnons. Pour assimiler ces principes, mettez-les en action, appliquez-les chaque fois que l'occasion s'en présente.* Sinon, vous les oublierez rapidement. Seule la science mise en action demeure en nous.

Peut-être trouverez-vous parfois malaisé de suivre ces conseils. Cela, je le sais, car il ne m'est pas toujours facile de faire ce que j'ai moi-même préconisé. Par exemple, quand vous êtes irrité, il est plus tentant de critiquer et condamner que d'essayer de vous mettre à la place d'autrui. Il est plus simple de voir un défaut que de chercher à découvrir une qualité. Il est plus naturel de parler des sujets qui nous préoccupent que de ceux qui intéressent notre interlocuteur. Et ainsi de suite. C'est pourquoi il faut bien réaliser, en lisant cet ouvrage, que vous ne cherchez pas seulement à acquérir des connaissances. Vous essayez de prendre des habitudes nouvelles. Vous préparez une nouvelle règle de vie. Cela exige du temps, de la persévérance, une application quotidienne.

Donc, consultez souvent ces pages. Que ce livre soit votre manuel, votre guide dans vos rapports interpersonnels. Et, lorsque vous vous trouverez en face d'un problème particulier, tel que, par exemple, corriger un enfant, faire partager votre opinion à votre conjoint, votre collaborateur, votre supérieur, ou satisfaire un client irrité, réfléchissez un moment avant de vous élancer pour faire le geste naturel. Résistez à votre première impulsion. En général, elle est néfaste. Consultez plutôt ce livre, relisez les paragraphes que vous avez soulignés. Appliquez les méthodes indiquées et vous constaterez les prodiges qu'elles accompliront pour vous.

VII. – Offrez à votre conjoint, à votre enfant, à un collègue une prime de cinq francs, par exemple, chaque fois qu'ils vous prendront à enfreindre tel ou tel précepte. Que cette étude devienne pour vous un jeu amusant et passionnant.

VIII. – Le président d'une grande banque de Wall Street, participant à un de nos stages, nous a décrit son propre système de perfectionnement. C'est lui-même qui l'a imaginé : il est remarquablement efficace. Cet homme nous expliqua qu'il devait pour une grande part sa réussite à l'application régulière de sa méthode : « Depuis des années, je tiens un agenda où j'indique tous mes rendez-vous de la journée. Ma famille ne prend jamais d'engagement pour moi le samedi soir, car c'est le moment consacré à la révision de la semaine, à "l'examen de conscience". Après dîner, je me retire dans mon bureau, j'ouvre mon carnet, et je médite sur les entretiens, discussions, conférences ou démarches de la semaine écoulée. Je m'interroge :

« Quelle faute ai-je commise cette fois-là ? »

« Et ici, en quoi ai-je bien agi ? N'aurais-je pas pu faire mieux encore ? Comment ? »

« Quel enseignement puis-je tirer de cet incident ? »

« Il arrive souvent que cette révision me rende très malheureux ; je suis parfois stupéfait de mes propres gaffes. Cependant, à mesure que j'avance en âge, ces fautes se font de moins en moins fréquentes. Et, même, j'ai parfois envie de me donner une petite tape de satisfaction sur l'épaule. Ce système d'analyse et de réforme personnelles a fait plus pour moi que tout ce que j'ai pu tenter d'autre. »

« Grâce à lui, mon jugement est devenu plus sûr et plus lucide ; mes décisions plus justes. Cette approche m'a énormément aidé dans mes relations avec les autres. Je la recommande vivement. »

Vous pouvez employer une méthode similaire pour contrôler votre application des principes de ce livre. Si vous décidez de le faire, deux choses se produiront :

– vous entreprendrez une étude à la fois passionnante et d'une incomparable valeur de formation ;

– vous constaterez bientôt que votre faculté d'être apprécié et d'influencer les autres grandit et se développe comme un laurier.

EN RÉSUMÉ

Pour tirer le maximum de ce livre, il faut :

I. Avoir l'ardent désir d'apprendre et d'appliquer les principes qui régissent les rapports entre les êtres humains.

II. Lire deux fois chaque chapitre avant de passer au suivant.

III. Interrompre fréquemment votre lecture pour vous interroger sur vos possibilités personnelles d'application de chaque principe.

IV. Souligner les idées importantes.

V. Revoir le livre tous les mois.

VI. Mettre ces principes en pratique chaque fois que l'occasion s'en présente. Faire de ce livre le guide qui vous aidera à surmonter les difficultés quotidiennes.

VII. Transformer cette étude en un jeu amusant : offrez à vos amis un gage chaque fois qu'ils vous surprendront à enfreindre tel ou tel principe.

VIII. Contrôler chaque semaine les progrès que vous faites. Vous demander quelles fautes vous avez commises, quels progrès vous avez accomplis, quelles leçons vous avez tirées.

PREMIÈRE PARTIE

Trois techniques fondamentales pour influencer les autres

CHAPITRE 1

Si vous voulez récolter du miel, ne bousculez pas la ruche

Le 7 mai 1931, la ville de New York assista à une sensationnelle chasse à l'homme. Après des semaines de recherches, « Two-Gun » Crowley, l'homme aux deux revolvers, l'assassin, le gangster qui ne fumait ni ne buvait, fut traqué dans l'appartement de sa belle, dans West End Avenue.

Cent cinquante policiers l'assiégèrent dans sa cachette, au dernier étage de l'immeuble. Perçant des trous dans le toit, ils essayèrent de le faire sortir au moyen de gaz lacrymogènes. Puis ils braquèrent leurs fusils sur les immeubles environnants et, pendant plus d'une heure, ce quartier élégant de New York retentit du claquement des coups de feu. Protégé par un gros fauteuil rembourré, Crowley tirait sans relâche sur la police. Dix mille personnes observaient, surexcitées, la bataille. On n'avait jamais rien vu de semblable dans les rues de New York.

Après l'avoir capturé, le chef de la police, Mulrooney, déclara :

« Cet homme est un des criminels les plus dangereux que j'ai connus. Il tue pour rien. »

Mais lui, Crowley, comment se considérait-il ? Tandis que la fusillade faisait rage autour de lui, il écrivait une lettre destinée à ceux qui trouveraient son cadavre. Le sang ruisselant de ses blessures faisait une traînée rouge sur le papier. Dans cette lettre, il disait : « Sous ma veste bat un cœur las, mais bon, et qui ne ferait de mal à personne. »

Peu de temps avant ces événements, Crowley se trouvait à la campagne, près de Long Island. Tout à coup, un agent de police s'approcha de sa voiture arrêtée et dit : « Montrez-moi votre permis. »

Sans articuler un mot, Crowley sortit son revolver et transperça le malheureux d'une grêle de balles. Puis il sauta de son siège, saisit l'arme du policier et tira encore une autre balle sur son corps inerte. Tel était l'assassin qui déclarait : « Sous ma veste bat un cœur las, mais bon, et qui ne ferait de mal à personne. »

Crowley fut condamné à la chaise électrique. Quand il arriva à la chambre d'exécution, à la prison de Sing Sing, vous pensez peut-être qu'il dit : « Voilà ma punition pour avoir tué. » Non, il s'exclama : « Voilà ma punition pour avoir voulu me défendre. »

La morale de cette histoire, c'est que « Two-Gun » ne se jugeait nullement coupable.

Est-ce là une attitude extraordinaire chez un criminel ? Si tel est votre avis, écoutez ceci :

« J'ai passé les meilleures années de ma vie à donner du plaisir et de l'amusement aux gens, et quelle a été ma récompense ? Des insultes et la vie d'un homme traqué ! »

C'est Al Capone qui parle ainsi. Parfaitement ! L'ancien ennemi public numéro un, le plus sinistre chef de bande qui ait jamais terrifié Chicago, ne se condamne pas. Il se considère réellement comme un bienfaiteur public, un bienfaiteur incompris, traité avec ingratitude.

C'est ce que disait aussi Dutch Schultz avant de s'écrouler sous les balles des gangsters de Newark. Dutch Schultz, l'un des bandits les plus notoires de New York, déclara, au cours d'une entrevue avec un journaliste, qu'il était un bienfaiteur public. Et il le croyait. J'ai quelques lettres fort intéressantes de M. Lawes, directeur du fameux pénitencier de Sing Sing. Il assure que peu de criminels, à Sing Sing, se considèrent comme des malfaiteurs. Ils se jugent tout aussi normaux que les autres hommes. Ils raisonnent, ils expliquent. Ils vous diront pourquoi ils ont été obligés de forcer un coffre-fort ou de presser la détente. Par un raisonnement logique ou fallacieux, la plupart s'efforcent de justifier, même à leurs propres yeux, leurs actes antisociaux, et déclarent en conséquence que leur emprisonnement est absolument inique.

Si Al Capone, « Two-Gun » Crowley, Dutch Schultz et tous les malfrats sous les verrous se considèrent très souvent comme innocents, que pensent alors d'eux-mêmes les gens que nous rencontrons chaque jour, vous et moi ?

John Wanamaker, propriétaire des grands magasins qui portent son nom, dit un jour : « Depuis trente ans, j'ai compris que la critique est inutile. J'ai bien assez de mal à corriger mes propres défauts sans me tourmenter parce que les hommes sont imparfaits et parce que Dieu n'a pas jugé bon de distribuer également à tous le don de l'intelligence. »

Wanamaker en avait pris conscience très tôt. Pour moi, j'ai lutté pendant un tiers de siècle avant d'apercevoir la première lueur de cette vérité : quatre-vingt-dix-neuf fois sur cent, l'être humain se juge innocent, quelle que soit l'énormité de sa faute.

La critique est vaine parce qu'elle met l'individu sur la défensive et le pousse à se justifier. La critique est dangereuse parce qu'elle blesse l'amour-propre et qu'elle provoque la rancune.

Les expériences de B. F. Skinner, psychologue de réputation internationale, ont démontré que l'animal dont on récompensait la bonne conduite apprenait beaucoup plus rapidement et retenait mieux que l'animal puni pour son mauvais comportement. Des études plus récentes ont montré qu'il en allait de même pour l'être humain car, en critiquant, nous n'obtenons pas de changement durable. Nous nous attirons, au contraire, rancune et amertume.

Un autre psychologue célèbre, Hans Seyle, dit : « Autant nous sommes avides d'approbation, autant nous redoutons le blâme. »

La critique provoque la rancune et peut, de ce fait, décourager sérieusement employés, amis, entourage familial, sans pour autant redresser la situation.

George B. Johnston, d'Enid, Oklahoma, chargé de la sécurité dans une entreprise de mécanique, doit veiller à ce que les employés portent un casque de protection. Autrefois, lorsqu'il rencontrait des ouvriers nu-tête, il leur ordonnait de se plier au règlement sur un ton qui n'admettait pas la réplique. On s'exécutait à contrecœur et, dès qu'il avait le dos tourné, on retirait son casque. Il décide donc de changer sa façon de faire. Lorsque l'occasion se représente, il demande si le casque n'est pas de la bonne taille… Il rappelle alors sur un ton volontairement aimable que le casque est conçu pour éviter les accidents, et suggère de toujours le porter pendant le travail. Depuis, c'est sans rechigner que les ouvriers se conforment au règlement.

L'histoire est truffée d'exemples illustrant l'inanité de la critique. Ainsi, voyez le scandale du pétrole à Teapot Dome. Pendant plusieurs années, les journaux frémirent d'indignation. Jamais de mémoire d'homme, on n'avait vu pareille chose en Amérique. Voici les faits : Albert Fall, ministre de l'Intérieur sous le gouvernement du président Harding, fut chargé de louer les terrains pétrolifères du gouvernement à Elk Hill et à Teapot Dome, terrains destinés ultérieurement à l'usage de la marine. Au lieu de procéder par voie d'adjudication, Fall remit directement l'opulent contrat à son ami Edward Doheny. Et que fit à son tour Doheny ? Il donna au ministre Fall ce qu'il lui plut d'appeler « un prêt » de cent mille dollars. Ensuite, Fall expédia un détachement de soldats américains dans cette région pétrolifère pour en chasser les concurrents dont les puits adjacents tiraient le pétrole des réserves de Elk Hill. Ces concurrents, expulsés à la pointe des baïonnettes, se ruèrent devant les tribunaux et « firent éclater le scandale de Teapot Dome ». Le scandale ainsi révélé ruina l'administration de Harding, écœura une nation entière, faillit briser le parti républicain et amena Albert B. Fall derrière les barreaux d'une prison.

Fall fut condamné sévèrement. Montra-t-il du repentir ? Nullement ! Quelques années plus tard, Herbert Hoover insinuait, dans un discours, que la mort du président Harding était due à l'angoisse et au tourment qu'il avait soufferts à cause de la trahison d'un ami. Quand Mme Fall entendit cela, elle bondit d'indignation, pleura, se tordit les mains, maudit la destinée et cria : « Quoi ! Harding trahi par Fall ? Non ! Non ! Mon mari n'a jamais trahi personne. Cette maison toute pleine d'or ne suffirait pas à le tenter ! C'est lui qu'on a trahi et mis au pilori ! »

Vous voyez ! Voilà une manifestation typique de la nature humaine : le coupable qui blâme tout le monde, sauf lui-même. Mais nous sommes tous ainsi faits. Aussi, lorsque demain nous serons tentés de critiquer quelqu'un, rappelons-nous Al Capone, « Two-Gun » Crowley et Albert Fall. Sachons bien que la critique est comme le pigeon voyageur : elle revient toujours à son point de départ. Disons-nous que la personne que nous désirons blâmer et corriger fera tout pour se justifier et nous condamnera en retour. Ou bien, comme tant d'autres, elle s'exclamera : « Je ne vois pas comment j'aurais pu agir autrement ! »

Le samedi matin 15 avril 1865, Abraham Lincoln agonisait dans une chambre d'hôtel juste en face du théâtre Ford où Booth, un exalté politique, l'avait abattu d'une balle de revolver. Le long corps de Lincoln reposait en travers du lit trop court. Une reproduction du tableau de Rosa Bonheur, *La Foire aux chevaux*, était suspendue au mur, et un manchon à gaz éclairait lugubrement la scène de sa lueur jaune.

Tandis que Lincoln achevait de mourir, Stanton, le ministre de la Guerre, qui était présent, dit : « Voilà le plus parfait meneur d'hommes que le monde ait jamais connu. »

Quel fut le secret de Lincoln ? Comment s'y prenait-il pour avoir une telle emprise sur les êtres ? Pendant dix ans, j'ai étudié la vie d'Abraham Lincoln, j'ai passé trois ans à écrire un livre intitulé *Lincoln l'inconnu*. Je crois avoir fait de sa personnalité, de sa vie intime, une étude aussi détaillée et complète qu'il était humainement possible de le faire. J'ai spécialement analysé les méthodes qu'il appliquait dans ses rapports avec ses semblables. Aimait-il critiquer ? Oh ! oui. Au temps de sa jeunesse, quand il habitait Pigeon Creek Valley, dans l'État d'Indiana, il allait jusqu'à écrire des épigrammes, des lettres, dans lesquelles il ridiculisait certaines personnes, et qu'il laissait tomber sur les routes, espérant que les intéressés les trouveraient. L'une de ces lettres suscita des rancunes qui durèrent toute une vie.

Et même, devenu plus tard avoué à Springfield, dans l'Illinois, il provoquait ses adversaires dans des lettres ouvertes aux journaux. Un jour vint où la mesure fut comble...

En 1842, il s'attaqua à un politicien irlandais vaniteux et batailleur, du nom de James Shields. Il le ridiculisa outrageusement dans le *Springfield Journal*. Un rire immense secoua la ville. Shields, fier et susceptible, bondit sous l'outrage. Il découvrit l'auteur de la lettre, sauta sur son cheval, trouva Lincoln et le provoqua en duel. Lincoln ne voulait pas se battre : il était opposé au duel, mais il ne pouvait l'éviter et sauver son honneur. On lui laissa le choix des armes. Comme il avait de longs bras, il se décida pour l'épée de cavalerie et prit des leçons d'escrime. Au jour dit, les deux adversaires se rencontrèrent sur les bords du Mississippi, prêts à se battre jusqu'à la mort. Heureusement, à la dernière minute, les témoins intervinrent et arrêtèrent le duel.

Ce fut l'incident le plus tragique de la vie privée de Lincoln. Il en tira une précieuse leçon sur la manière de traiter ses semblables. Jamais plus il n'écrivit une lettre d'insultes ou de sarcasmes. À partir de ce moment, il se garda de critiquer les autres.

Pendant la guerre de Sécession, Lincoln dut, à maintes reprises, changer les généraux qui étaient à la tête de l'armée du Potomac ; à tour de rôle, ils commettaient de funestes erreurs et plongeaient Lincoln dans le désespoir. La moitié du pays maudissait férocement ces généraux incapables. Cependant, Lincoln, « sans malice aucune et charitable envers tous », restait modéré dans ses propos. Une de ses citations préférées était celle-ci : « Ne juge point si tu ne veux point être jugé. »

Et lorsque Mme Lincoln ou d'autres blâmaient sévèrement les Sudistes, Lincoln répondait : « Ne les condamnez point ; dans les mêmes circonstances, nous aurions agi exactement comme eux. »

Cependant, si jamais homme eut lieu de critiquer, ce fut bien Lincoln. Lisez plutôt ceci :

La bataille de Gettysburg se poursuivit pendant les trois premiers jours de juillet 1863. Dans la nuit du 4, le général Lee ordonna la retraite vers le sud, tandis que des pluies torrentielles noyaient le pays. Quand Lee atteignit le Potomac à la tête de son armée vaincue, il fut arrêté par le fleuve grossi et infranchissable. Derrière lui se trouvait l'armée victorieuse des Nordistes. Il se trouvait pris dans un piège. La fuite était impossible. Lincoln comprit cela ; il aperçut cette chance unique, cette aubaine inespérée : la possibilité de capturer Lee immédiatement et de mettre un terme aux hostilités. Alors, plein d'un immense espoir, il télégraphia au général Meade d'attaquer sur l'heure sans réunir le Conseil de guerre. De plus il envoya un messager pour confirmer son ordre.

Et que fit le général Meade ? Il fit exactement le contraire de ce qu'on lui demandait. Il réunit un Conseil de guerre malgré la défense de Lincoln. Il hésita, tergiversa. Il refusa finalement d'attaquer Lee. Pendant ce temps, les eaux se retirèrent et Lee put s'échapper avec ses hommes au-delà du Potomac.

Lincoln était furieux. « Grands dieux ! Nous les tenions ; nous n'avions qu'à étendre la main pour les cueillir et pourtant, malgré mes ordres pressants, notre armée n'a rien fait. Dans des circonstances pareilles, n'importe quel général aurait pu vaincre Lee. Moi-même, si j'avais été là-bas, j'aurais pu le battre ! »

Plein de rancune, Lincoln écrivit à Meade la lettre suivante. Rappelez-vous qu'à cette époque de sa vie, il était très tolérant et fort modéré dans ses paroles. Ces lignes constituaient donc, pour un homme comme lui, le plus amer des reproches :

« *Mon Général,*

« *Je ne crois pas que vous appréciez toute l'étendue du désastre causé par la fuite de Lee. Il était à portée de main et, si vous l'aviez attaqué, votre prompt assaut, succédant à nos précédentes victoires, aurait amené à la fin de la guerre. Maintenant, au contraire, elle va se prolonger indéfiniment. Si vous n'avez pu combattre Lee, lundi dernier, comment pourrez-vous l'attaquer de l'autre côté du fleuve, avec deux tiers seulement des forces dont vous disposiez alors ? Il ne serait pas raisonnable d'espérer, et je n'espère pas, que vous pourrez accomplir maintenant des progrès sensibles. Votre plus belle chance est passée, et vous m'en voyez infiniment désolé.* »

Que fit, à votre avis, Meade, en lisant cette lettre ? Meade ne vit jamais cette lettre. Lincoln ne l'expédia pas. Elle fut trouvée dans ses papiers après sa mort.

Je suppose, ce n'est qu'une supposition, qu'après avoir terminé sa missive, Lincoln se mit à regarder par la fenêtre et se dit : « Un moment… Ne soyons pas si pressé… Il m'est facile, à moi, assis tranquillement à la Maison-Blanche, de commander à Meade d'attaquer ; mais si j'avais été à Gettysburg, et si j'avais vu autant de sang que Meade en a vu, si mes oreilles avaient été transpercées par les cris des blessés et des mourants, peut-être, comme lui, aurais-je montré moins d'ardeur à courir à l'assaut. Si j'avais le caractère timide de Meade, j'aurais sans doute agi comme lui. Enfin, ce qui est fait est fait. Si je lui envoie cette lettre, cela me soulagera, mais cela lui donnera l'envie de se justifier : c'est moi qu'il condamnera. Il aura contre moi de l'hostilité et du ressentiment : il perdra la confiance en lui-même, sans laquelle il n'est pas de chef, et peut-être en viendra-t-il même à quitter l'armée. »

C'est pourquoi, comme je l'ai dit plus haut, Lincoln rangea sa lettre, car une amère expérience lui avait appris que les reproches et les accusations sévères demeurent presque toujours vains.

Theodore Roosevelt racontait qu'au temps de sa présidence, lorsqu'il se trouvait en face de quelque conjoncture embarrassante, il s'adossait à son fauteuil, levait les yeux vers un grand portrait de Lincoln suspendu au mur, et se disait : « Que ferait Lincoln s'il était à ma place ? Comment résoudrait-il ce problème ? »

Alors, la prochaine fois que nous serons tentés de « passer un bon savon » à quelqu'un, pensons à Lincoln et demandons-nous : « Que ferait-il à notre place ? »

Il arrivait à Mark Twain de laisser exploser sa colère dans sa correspondance. Un jour, à quelqu'un qui l'avait exaspéré, il écrivit : « Tout ce qu'il vous faut, c'est une place au cimetière. Vous n'avez qu'un mot à dire et je me charge de vous la réserver. » Une autre fois, parce qu'un correcteur avait tenté d'apporter quelque amélioration « à son orthographe et à sa ponctuation », il s'adressa à la rédaction en ces termes : « Conformez-vous à mon article et veillez à ce que ce correcteur garde ses conseils dans la bouillie qui lui tient lieu de cervelle. »

Si ces lettres ont permis à Mark Twain de décharger sa bile, leur ton cinglant n'a jamais atteint ses destinataires. Mme Twain, en effet, sans en souffler mot à son mari, a fait en sorte qu'elles ne soient jamais expédiées.

Connaissez-vous une personne que vous voudriez corriger ? Oui ? Parfait ! C'est une excellente idée. Mais pourquoi ne pas commencer par vous-même ? Ce serait beaucoup plus profitable que d'essayer de corriger les autres, et… beaucoup moins dangereux.

Commençons par nous corriger nous-mêmes.

Confucius disait : « Ne te plains pas de la neige qui se trouve sur le toit du voisin quand ton seuil est malpropre. »

Quand j'étais jeune, j'étais fort prétentieux et je m'efforçais d'impressionner tout le monde. Un jour, j'adressai une lettre stupide à Richard Harding Davis, écrivain qui eut son temps de célébrité dans la littérature américaine. Je préparais un article sur les méthodes de travail des hommes de lettres et je priai Davis de me renseigner sur les siennes. Malheureusement, quelques semaines plus tôt, j'avais reçu une lettre d'une personne qui avait ajouté cette annotation : « Dicté mais non relu. » Cette formule m'avait plu. Voilà qui vous donnait l'air d'un personnage important, accablé de besogne ! Pour moi, j'étais bien loin d'être aussi occupé, mais je désirais tant me grandir aux yeux de Richard Harding Davis que je terminai aussi ma brève note par les mots : « Dicté mais non relu. »

Le romancier ne répondit jamais à ma lettre. Il me la retourna simplement ornée de cette observation : « Votre grossièreté n'a d'égale que votre stupidité. » C'est vrai, j'avais fait une gaffe, j'avais sans doute mérité cet affront. Mais, c'est humain, je détestai Davis pour l'humiliation qu'il m'avait infligée. Et ma rancune demeura si vive que, lorsque j'appris sa mort dix ans plus tard, le seul souvenir qui se réveilla dans mon esprit – j'ai honte de l'avouer –, ce fut le mal qu'il m'avait fait.

Si vous voulez demain faire naître des rancunes qui brûleront pendant des lustres et persisteront peut-être jusqu'à la mort, adressez à ceux qui vous entourent quelques cinglantes critiques. Vous verrez le résultat, même si ces critiques sont parfaitement justifiées à vos yeux !

Quand vous vous adressez à un homme, rappelez-vous que vous ne parlez pas à un être logique ; vous parlez à un être d'émotion, à une créature tout hérissée de préventions, mue par son orgueil et par son amour-propre.

À cause des critiques féroces dont on l'avait accablé, Thomas Hardy, un des écrivains les plus remarquables de la littérature anglaise, abandonna pour toujours son métier de romancier. Et c'est la médisance qui conduisit au suicide le poète anglais Thomas Chatterton.

Benjamin Franklin, brutal et maladroit dans sa jeunesse, devint, par la suite, un si fin psychologue, il apprit si bien l'art d'influencer les hommes, qu'il fut nommé ambassadeur des États-Unis en France. Le secret de son succès ? Le voici : « Je ne veux critiquer personne… je veux dire tout le bien que je sais de chacun. »

Le premier imbécile venu est capable de critiquer, de condamner et de se plaindre. Mais il faut de la noblesse et de la maîtrise de soi pour comprendre et pardonner.

« Un grand homme montre sa grandeur dans la manière dont il traite les petites gens », disait Carlyle.

Bob Hoover, célèbre pilote d'essai entraîné aux acrobaties aériennes, rentre chez lui à Los Angeles. Il quitte le terrain d'aviation de San Diego lorsque, brusquement, à cent mètres du sol, ses moteurs s'arrêtent. Il manœuvre avec toute l'habileté d'un pilote expérimenté et réussit à se poser. Les passagers sont indemnes mais l'avion, un appareil à hélices de la Deuxième Guerre mondiale, est sérieusement endommagé.

Hoover a un pressentiment et son premier réflexe, après l'atterrissage forcé, est d'aller examiner le carburant dans le réservoir. Il a deviné juste. Ce n'est pas avec de l'essence qu'on a rempli le réservoir, mais avec du kérosène.

De retour à l'aéroport, il demande à voir le mécanicien responsable. Hoover voit le jeune homme écrasé sous le poids de son erreur. L'angoisse se lit sur son visage en larmes. Par sa faute, un appareil coûteux est hors d'usage et trois personnes ont failli perdre la vie.

Le pilote fier et méticuleux qu'est Hoover va sûrement donner libre cours à sa colère et l'accabler de reproches sur sa négligence. Au lieu de le blâmer et de le critiquer, Hoover passe son bras autour des épaules du jeune homme et lui dit : « Je suis convaincu que tu ne referas jamais plus cette erreur. Et, pour te le prouver, je tiens à ce que ce soit toi qui t'occupes demain de mon F 51. »

Les parents sont souvent tentés de critiquer leurs enfants. Vous attendez sans doute que je vous dise : « Ne le faites pas. » Je vous dirai plutôt : « *Avant* de les critiquer, lisez un des classiques du journalisme américain : *Les pères oublient.* » Paru d'abord dans *The People's Home Journal* en éditorial, nous le reproduisons ici, avec l'autorisation de l'auteur, tel qu'il a été condensé dans le Reader's Digest.

Les pères oublient est l'un de ces articles qui – écrits sur le vif, sous l'impulsion d'un sentiment authentique – rencontrent un écho chez tellement de lecteurs qu'on les réimprime périodiquement. « Depuis sa première publication, écrit l'auteur, W. Livingstone Larned, *Les pères oublient* a été reproduit dans des centaines de magazines et de journaux. Il a été reproduit en de nombreuses langues étrangères. J'ai donné personnellement l'autorisation de le lire à des milliers d'écoles, d'églises et de conférenciers. On l'a entendu sur les ondes à d'innombrables occasions. Les journaux des lycées et collèges s'en sont également emparé. Il arrive qu'un petit article, mystérieusement, fasse "tilt". Ce fut certainement le cas pour celui-là. »

Les pères oublient
W. Livingstone Larned

« *Écoute-moi, mon fils. Tandis que je te parle, tu dors la joue dans ta menotte et tes boucles blondes collées sur ton front moite. Je me suis glissé seul dans ta chambre. Tout à l'heure, tandis que je lisais mon journal dans le bureau, j'ai été envahi par une vague de remords. Et, me sentant coupable, je suis venu à ton chevet.*

« Et voilà à quoi je pensais, mon fils : je me suis fâché contre toi aujourd'hui. Ce matin, tandis que tu te préparais pour l'école, je t'ai grondé parce que tu te contentais de passer la serviette humide sur le bout de ton nez ; je t'ai réprimandé parce que tes chaussures n'étaient pas cirées ; j'ai crié quand tu as jeté tes jouets par terre.

« Pendant le petit déjeuner, je t'ai encore rappelé à l'ordre : tu renversais le lait ; tu avalais les bouchées sans mastiquer ; tu mettais les coudes sur la table ; tu étalais trop de beurre sur ton pain. Et quand, au moment de partir, tu t'es retourné en agitant la main et tu m'as dit : "Au revoir, papa !", je t'ai répondu en fronçant les sourcils : "Tiens-toi droit !"

« Le soir, même chanson. En revenant de mon travail, je t'ai guetté sur la route. Tu jouais aux billes, à genoux dans la poussière ; tu avais déchiré ton pantalon. Je t'ai humilié en face de tes camarades, en te faisant marcher devant moi jusqu'à la maison… "Les pantalons coûtent cher ; si tu devais les payer, tu serais sans doute plus soigneux !" Tu te rends compte, mon fils ? De la part d'un père !

« Te souviens-tu ensuite ? Tu t'es glissé timidement, l'air malheureux, dans mon bureau, pendant que je travaillais. J'ai levé les yeux et je t'ai demandé avec impatience : "Qu'est-ce que tu veux ?"

« Tu n'as rien répondu, mais, dans un élan irrésistible, tu as couru vers moi et tu t'es jeté à mon cou, en me serrant avec cette tendresse touchante que Dieu a fait fleurir en ton cœur et que ma froideur même ne pouvait flétrir… Et puis, tu t'es enfui, et j'ai entendu tes petits pieds courant dans l'escalier.

« Eh bien ! mon fils, c'est alors que le livre m'a glissé des mains et qu'une terrible crainte m'a saisi. Voilà ce qu'avait fait de moi la manie des critiques et des reproches : un père grondeur ! Je te punissais de n'être qu'un enfant. Ce n'est pas que je manquais de tendresse, mais j'attendais trop de ta jeunesse. Je te mesurais à l'aune de mes propres années.

« Et pourtant, il y a tant d'amour et de générosité dans ton âme. Ton petit cœur est vaste comme l'aurore qui monte derrière les collines. Je n'en veux pour témoignage que ton élan spontané pour venir me souhaiter le bonsoir. Plus rien d'autre ne compte maintenant, mon fils. Je suis venu à ton chevet, dans l'obscurité, et je me suis agenouillé là, plein de honte.

« C'est une piètre réparation ; je sais que tu ne comprendrais pas toutes ces choses si tu pouvais les entendre. Mais, demain, tu verras, je serai un vrai papa ; je deviendrai ton ami ; je rirai quand tu riras, je pleurerai quand tu pleureras. Et, si l'envie de te gronder me reprend, je me mordrai la langue, je ne cesserai de me répéter, comme une litanie :

« "Ce n'est qu'un garçon… un tout petit garçon !"

« J'ai eu tort. Je t'ai traité comme un homme. Maintenant que je te contemple dans ton petit lit, las

et abandonné, je vois bien que tu n'es qu'un bébé. Hier encore, tu étais dans les bras de ta mère, la tête sur son épaule… J'ai trop exigé de toi… Beaucoup trop… »

Au lieu de condamner les gens, essayons de les comprendre. Essayons de découvrir le mobile de leurs actions. Voilà qui est beaucoup plus profitable et plus agréable que de critiquer, voilà qui nous rend tolérants, compréhensifs et bons. « Tout savoir, c'est tout pardonner. »

Dieu lui-même ne veut pas juger l'homme avant la fin de ses jours. De quel droit le ferions-nous ?

► PRINCIPE 1 ◄

Ne critiquez pas, ne condamnez pas, ne vous plaignez pas.

CHAPITRE 2

Le grand secret des relations humaines

Il n'est qu'un moyen au monde d'amener une personne à accomplir une certaine action. Y avez-vous jamais songé ? Un seul moyen ! C'est de susciter en elle *le désir* d'accomplir cette action.

Retenez bien cela. Il n'existe pas d'autre manière.

Évidemment, vous pouvez forcer un passant à vous donner sa montre en lui collant le canon d'un revolver contre les côtes. Vous pouvez faire travailler un employé, jusqu'à ce que vous ayez le dos tourné, en le menaçant de le flanquer à la porte. Vous pouvez obtenir l'obéissance d'un enfant par le fouet. Mais ces méthodes brutales ont des répercussions désastreuses.

C'est seulement en vous procurant ce que vous voulez que je parviendrai à vous faire agir.

Or, que voulez-vous ?

Sigmund Freud prétend que tous nos actes sont provoqués par deux désirs fondamentaux : le désir sexuel et le désir d'être reconnu.

Selon le philosophe John Dewey, le mobile le plus puissant de la nature humaine, c'est le « désir d'être important ». Rappelez-vous cette phrase : « Le désir d'être important. » Elle est lourde de sens ; vous la trouverez souvent dans ce livre.

Quels sont nos besoins ? Peu de choses, mais ces choses, nous les réclamons avec une insistance inlassable. Les voici :

1. La santé et la conservation de la vie.
2. La nourriture.
3. Le sommeil.
4. L'argent et les biens qu'il procure.
5. La survivance future.
6. La satisfaction sexuelle.
7. Le bonheur de nos enfants.
8. Le sentiment de notre importance.

Presque tous ces besoins sont généralement satisfaits, mais il en est un qui est rarement contenté ; et, pourtant, il est aussi profond, aussi impérieux que la faim. Cette aspiration, c'est ce que Freud appelle « le désir d'être reconnu ». C'est ce que John Dewey appelle « le désir d'être important ».

William James disait : « Le principe le plus profond de la nature humaine, c'est la soif d'être apprécié. » Il ne parle pas du souhait ou du désir, mais de la « soif » d'être apprécié.

C'est là une soif inextinguible et celui qui peut honnêtement étancher cette soif tient ses semblables entre ses mains.

Ce désir d'être important n'existe pas chez les animaux. C'est même une des principales différences qui existent entre eux et l'homme.

Ainsi, mon père avait une ferme dans le Missouri où il élevait de magnifiques porcs et des bêtes à cornes. Il les amenait à toutes les foires et concours agricoles et remportait toujours des prix. À la maison, il épinglait sur un grand carré de mousseline blanche tous les rubans bleus de ses triomphes. Et, quand des visiteurs venaient, il déroulait sa précieuse mousseline et m'en faisait tenir une extrémité pendant qu'il tenait l'autre pour permettre à l'assistance d'admirer ses trophées.

Les cochons se montraient parfaitement indifférents à ces récompenses, mais mon père en était ravi : elles fortifiaient en lui le sentiment de son importance.

Si nos ancêtres n'avaient pas eu en eux ce désir d'être reconnus, la civilisation n'aurait pas existé car, sans lui, nous serions demeurés semblables à des bêtes.

C'est ce besoin d'importance qui conduisit un pauvre petit commis sans instruction à étudier des livres de droit qu'il avait découverts au fond d'une caisse de bric-à-brac achetée dans une vente pour cinquante *cents*. Ce petit commis s'appelait Lincoln.

C'est le désir d'être grand qui inspira à Dickens l'idée d'écrire ses livres immortels… qui poussa Rockefeller à amasser des millions… et c'est aussi ce même sentiment qui incite l'homme le plus riche de votre ville à se faire bâtir une maison bien trop vaste pour ses besoins personnels.

C'est inconsciemment pour affirmer notre importance que nous achetons le dernier modèle de voiture, que nous tenons à avoir vu tel film ou lu tel livre, ou que nous parlons avec complaisance des succès scolaires de nos enfants.

On voit parfois des garçons devenir délinquants pour se mettre en vedette. Mulrooney, chef de la police de New York, me confiait : « Le jeune criminel d'aujourd'hui est débordant de vanité. La première chose qu'il demande, après son arrestation, c'est la permission de lire ces feuilles ignobles qui le représentent comme un héros. La perspective de la cuisante séance qui l'attend sur la chaise électrique demeure lointaine pour lui, tant qu'il peut se délecter à contempler son image s'étalant aux côtés de vedettes du sport, du cinéma, de la télévision et de la politique. »

Dites-moi comment vous comblez votre besoin d'importance, je vous dirai qui vous êtes. Cela détermine votre personnalité. C'est ce qui vous caractérise le mieux. Par exemple, pour satisfaire son besoin d'importance, John D. Rockefeller fit construire en Chine, à Pékin, un hôpital moderne pour soigner des millions de malheureux qu'il n'avait jamais vus.

À l'opposé, Dillinger manifesta son importance en devenant assassin et voleur de banques. Poursuivi un jour par les agents du FBI qui lui faisaient la chasse dans le Minnesota, il se précipita dans une ferme en criant : « C'est moi, Dillinger ! » Il était fier d'être l'ennemi public numéro un. « Je ne vous ferai pas de mal, dit-il, mais je suis Dillinger ! »

La différence la plus caractéristique entre Dillinger et Rockefeller n'était-elle pas dans la manière dont ils affirmèrent leur importance ?

L'histoire est pleine d'exemples amusants où l'on voit des personnages célèbres s'efforcer de montrer leur importance. George Washington, lui-même, exigeait qu'on l'appelât : « Sa Grandeur le Président des États-Unis. » Christophe Colomb réclamait le titre d'« Amiral de l'Océan et Vice-Roi des Indes ». Catherine de Russie refusait d'ouvrir les lettres qui n'étaient pas adressées à « Sa Majesté Impériale ». Et, dans la Maison-Blanche, Mme Lincoln se tourna un jour comme une tigresse vers Mme Grant, criant : « Comment avez-vous l'audace de vous asseoir en ma présence avant que je ne vous y invite ? »

Nos milliardaires ont contribué à financer l'expédition de l'amiral Byrd au pôle Sud en échange de la simple promesse que les chaînes de montagnes glacées de l'Antarctique porteraient leur nom. Victor Hugo ne désirait rien moins que donner le sien à la ville de Paris. Et Shakespeare, pourtant grand parmi les grands, voulut augmenter encore l'éclat de sa gloire en procurant à sa famille des titres de noblesse.

On voit même des gens tomber malades pour capter l'attention et la sympathie de leur entourage, pour se donner une preuve de leur importance. Prenez, par exemple, Mme McKinley, épouse de l'ancien président des États-Unis. Elle forçait son mari à négliger d'importantes affaires d'État pour qu'il demeure près de son lit pendant des heures, lui parlant, l'apaisant, la soutenant de son bras jusqu'à ce qu'elle fût endormie. Pour montrer la place qu'elle tenait dans la vie du Président, elle exigeait aussi qu'il fût présent à toutes ses séances chez le dentiste et, une fois, elle fit une scène orageuse parce que McKinley dut l'abandonner pour aller à un important rendez-vous.

Certains psychiatres assurent que des gens deviennent fous pour trouver dans le monde imaginaire de la démence le sentiment d'importance que la réalité leur a refusé. Dans les hôpitaux d'Amérique, on a observé que les affections mentales sont plus nombreuses que toutes les autres maladies réunies.

Eh bien ! Si des êtres sont capables de devenir fous pour combler une telle aspiration, songez aux résultats miraculeux que nous pourrions obtenir en rendant justice aux mérites de ceux qui nous entourent !

Un des premiers aux États-Unis à toucher un salaire annuel d'un million de dollars fut Charles Schwab. Il n'avait que trente-huit ans lorsque Andrew Carnegie le choisit pour devenir le premier président de la United States Steel Company, qu'il venait de créer en 1921. (Plus tard, Schwab quitta cette société pour reprendre la Bethlehem Steel qui était en difficulté. Il réussit à faire de celle-ci l'une des entreprises les plus prospères des États-Unis.) Le Roi de l'acier le payait un million de dollars par an. Pourquoi ? Parce que Schwab était un génie ? Non. Parce qu'il connaissait mieux la métallurgie que tous les autres ingénieurs ? Jamais de la vie. Charles Schwab me confia lui-même qu'il avait un grand nombre de collaborateurs beaucoup plus compétents que lui au point de vue technique.

Seulement, Schwab avait un talent particulier, une faculté rare ; il savait influencer les hommes.

Son secret, le voici : je vous le transmets avec ses propres paroles, des paroles qui devraient être gravées à jamais dans le bronze, et placées dans chaque foyer, chaque école, chaque magasin et chaque bureau ; des paroles que tous les enfants devraient imprimer dans leur mémoire, au lieu de perdre leur temps à retenir la conjugaison des verbes en latin ou la moyenne des pluies tombées annuellement au Brésil, des paroles qui transformeront notre vie, si nous le voulons : « Je considère, disait Schwab, mon pouvoir d'éveiller l'enthousiasme chez les hommes comme mon capital le plus précieux. C'est en encourageant l'individu qu'on révèle et qu'on développe ses meilleurs dons.

« Rien ne tue davantage l'ambition d'une personne que les critiques de ses supérieurs. Je ne réprimande jamais personne. Je crois qu'il vaut mieux stimuler, donner aux êtres un idéal à atteindre. C'est pourquoi je suis toujours prêt à louer et je déteste gronder. Si je trouve une chose bien faite, **j'approuve sincèrement et je prodigue des compliments.** »

Voilà ce que faisait Schwab ! Or que faisons-nous habituellement ? Exactement le contraire. Quand une chose nous déplaît, nous crions et tempêtons ; mais, quand nous sommes satisfaits, nous ne disons mot. « On voit toujours les qualités de loin et les défauts de près. »

« J'ai beaucoup voyagé, déclarait encore Schwab. J'ai rencontré une foule de gens de tous les milieux, mais je n'ai encore trouvé personne qui ne s'applique davantage et ne fasse meilleure besogne sous l'influence des encouragements que sous celle des critiques. »

Il ajoutait que c'était là une des principales raisons de la réussite phénoménale d'Andrew Carnegie. Celui-ci, en effet, ne manquait jamais de féliciter ses collaborateurs, publiquement comme dans l'intimité. Et, même après sa mort, il trouva encore le moyen de les louer ; il rédigea ainsi sa propre épitaphe : « Ici repose un homme qui sut s'entourer d'êtres plus intelligents que lui. »

Tel était aussi le secret de Rockefeller. Par exemple, quand son associé, Edward T. Bedford, fit en Amérique du Sud des placements désastreux qui coûtèrent à la société des millions de dollars, « John D. » aurait pu se fâcher. Mais il savait que Bedford avait fait de son mieux et il se tut. Il trouva même dans sa conduite quelque chose à louer : il félicita Bedford d'avoir pu sauver 60 % des fonds investis. « C'est splendide, dit Rockefeller. Nous autres, ici, nous ne faisons pas toujours aussi bien. »

Connaissez-vous cette fable ? Après un long jour de labeur, une fermière pose devant les hommes de la ferme, en guise de souper, un gros tas de foin. Et, comme ces derniers lui demandent avec indignation si elle est devenue folle, elle leur répond : « Comment j'pourrais-t-y savoir que vous verriez la différence ? Voilà vingt ans que j'fais vot' cuisine. Et, dans tout ce temps-là, vous m'avez jamais dit une seule fois que c'était point du foin que vous mangiez ! »

Il y a quelques années, une enquête a été réalisée sur les femmes qui abandonnent leur foyer. Qu'est-ce qui peut bien pousser les femmes à quitter leur foyer ? Tout simplement l'« indifférence » de leur mari. Je parierais d'ailleurs qu'une enquête analogue sur les maris qui désertent leur foyer donnerait les mêmes résultats. Nous considérons tellement notre conjoint comme faisant partie du décor que nous ne pensons jamais assez à lui témoigner notre intérêt.

L'épouse d'un participant à l'Entraînement Carnegie demande un jour à son mari d'écrire une liste de six conseils qu'il jugerait bon de lui prodiguer, pour faire d'elle une meilleure épouse. Cette suggestion fait partie d'un programme mis au point avec un groupe de femmes de sa paroisse. Le mari nous fait part de son étonnement devant la requête de sa femme : « Sincèrement, il m'aurait été facile d'énumérer six points à améliorer chez elle – elle aurait pu elle-même en énumérer une centaine à mon sujet – mais je m'abstiens de le faire et je lui réponds simplement : “Donne-moi le temps d’y réfléchir, je te donnerai une réponse demain matin.”

« Le lendemain, je me lève très tôt, je passe chez le fleuriste et je commande six roses rouges à livrer à ma femme avec le message suivant : “Impossible de trouver six points que j’aimerais modifier chez toi. Je t’aime telle que tu es.”

« Quand je rentre chez moi ce soir-là, ma femme m’attend sur le pas de la porte. Elle a presque les larmes aux yeux. Inutile de vous dire à quel point je me suis félicité de ne pas l’avoir critiquée comme elle me l’avait demandé.

« À la réunion du dimanche suivant, elle fait un compte rendu complet de sa mission. Plusieurs femmes de son groupe viennent même me trouver pour me dire combien mon attitude les avait enthousiasmées. C’est alors que j’ai compris la force du véritable éloge. »

Croiriez-vous que l’empathie à elle seule puisse permettre à quiconque de bâtir une entreprise pesant deux millions de dollars ? C’est pourtant ce qui est arrivé à Alice Foote MacDougall, en dépit du fait qu’elle n’avait ni formation ni expérience, et qu’elle s’est lancée pratiquement sans le sou. À la mort de son mari, et avec trois enfants à charge, elle a été forcée de trouver un moyen de subvenir aux besoins de sa famille.

« Quand mon mari est mort, j’étais si désespérée que j’ai voulu mourir. Une nuit, j’ai eu envie de me noyer et, sans mes enfants, je l’aurais fait. N’ayant pas la moindre formation professionnelle qui m'aurait permis de décrocher un emploi, mon seul espoir était de m'établir à mon compte.

« Mon mari travaillait dans le milieu du café et, à la maison, il avait l'habitude de nous concocter un délicieux mélange. Je savais qu'il y aurait un marché pour ce café à condition d'amener les gens à l'essayer. Avec mes 38 dollars en tout et pour tout, j'ai loué un "bureau", une pièce minuscule juste assez grande pour y stocker quelques paquets de café. J'ai acheté un petit appareil qui pouvait moudre une demi-livre à la fois ; quand j'ai reçu une commande de 50 livres, il m'a fallu remplir la machine une centaine de fois pour pouvoir l'honorer. »

Mme MacDougall a sollicité ses clients en recopiant leurs noms dans des annuaires et en envoyant une centaine de lettres par jour, les invitant à venir essayer son café. Au début, les commandes sont arrivées au compte-gouttes, mais, « ayant appris quand j'étais enfant à écrire des mots de remerciement, j'ai fait preuve de la même courtoisie pour mes affaires. Dans chaque lettre, j'expliquais l'importance de chaque commande et à quel point je tenais à fournir à mon client le produit le mieux adapté à ses goûts. Ce qui s'est passé ensuite m'a stupéfiée. Les professionnels du café avaient tous prophétisé que je ne tiendrais pas six mois ».

Pourtant, deux ans plus tard, Mme MacDougall était à la tête d'une entreprise prospère qui n'allait pas tarder à se diversifier dans la restauration. Comment cela était-il arrivé ?

« J'ai pu ouvrir un minuscule stand dans Grand Central Station, la plus grande gare de New York. Pendant des mois, la boutique a végété ; j'étais au bord de la faillite. Puis, un jour, il a plu à verse et les couloirs devant mon stand se sont remplis de gens trempés. Je n'avais jamais vu masse humaine plus pathétique !

« Je savais ce que ces malheureux ressentaient, car il m'était arrivé à moi aussi d'être mouillée et frigorifiée. J'ai voulu leur montrer mon empathie et, sur une impulsion, je me suis fait apporter mon moule à gaufres de chez moi et je leur ai servi du café et des gaufres gratuitement. Nous avons continué ainsi pendant plusieurs jours, mais la demande est devenue si importante que nous avons dû les faire payer.

« Ces gaufres gratuites ont assuré notre succès et, cinq mois plus tard, nous avions une très, très longue file d'attente devant le stand. Cinq ans après, j'avais ouvert six restaurants et mon entreprise était à ce moment-là évaluée à un demi-million de dollars. »

Personne n'avait eu besoin d'expliquer la valeur de l'empathie à Mme MacDougall.

Comme personne n'a eu besoin de l'expliquer à Florenz Ziefeld.

Ziegfield, un metteur en scène spectaculaire qui a ébloui Broadway, conquit sa réputation en « glorifiant la femme américaine ». Maintes et maintes fois, il prit quelque humble petite créature que nul n'avait jamais regardée deux fois, et la transforma sur la scène en une féerique et troublante vision. Il connaissait le pouvoir de la confiance en soi : sous ses hommages, les femmes se « sentaient » belles et gagnaient de l'assurance. En homme averti des réalités pratiques, il porta le salaire des « girls » de trente à soixante-quinze dollars par semaine. De plus, il était galant. Le soir de la première représentation aux « Follies », il adressait un télégramme aux vedettes et des roses à chacune des girls.

Au temps où la mode du jeûne faisait fureur, je la suivis, moi aussi, une fois ; cela dura six jours et six nuits. Ce n'était nullement pénible. Au bout du sixième jour, j'étais moins affamé qu'à la fin du deuxième. Or combien de gens se croiraient criminels s'ils laissaient six jours sans nourriture leur famille ou leur personnel ? Pourtant, ces mêmes gens n'éprouvent aucun remords à refuser à leur entourage, pendant six jours, six semaines et même soixante ans, les éloges et encouragements qui leur sont indispensables pour satisfaire un besoin presque aussi impérieux que la faim !

Le grand acteur Alfred Lund disait : « Rien ne m'est plus nécessaire que les applaudissements pour alimenter ma propre estime. »

Oui, nous nourrissons les corps de nos enfants, de nos invités et de nos employés, mais nous leur donnons bien rarement l'aliment nécessaire à leur propre estime. Nous leur dispensons le rôti et les pommes de terre générateurs d'énergie physique, mais nous négligeons de leur offrir les bonnes paroles qui résonneraient longtemps dans leur mémoire comme une incomparable mélodie.

Je sais bien que certains lecteurs diront en lisant ces lignes : « Ah ! oui, la pommade… les coups d'encensoir… la flatterie, quoi ! J'ai déjà essayé. Ça ne prend pas avec les gens intelligents ! »

Évidemment, une flatterie grossière ne trompera pas des êtres fins ; elle est creuse, fausse et intéressée. Il est normal qu'elle soit repoussée, et elle l'est généralement. Pourtant, il faut reconnaître que certaines personnes sont si avides d'éloges qu'elles goberont n'importe quoi, comme un malheureux affamé.

La reine Victoria, elle-même, était sensible à la flatterie. Disraeli, son ministre, confessait qu'il ne la lui ménageait pas. Et, pour employer ses propres termes, « il la lui tartinait avec une truelle ». Seulement, Disraeli était un des hommes les plus fins, les plus adroits, les plus astucieux qui aient jamais gouverné l'Empire britannique. Il était passé maître en son art… Et ce qui lui était possible ne le serait peut-être pas à un autre…

En fin de compte, la flatterie fait plus de tort que de bien à son auteur. Elle n'est qu'une comédie, tandis que l'éloge spontané vient du cœur. Non, cent fois non ! je ne propose pas la flatterie ! Je veux parler de tout autre chose, d'une nouvelle attitude mentale, d'une nouvelle manière de vivre. Laissez-moi répéter cela : **Je veux parler d'une nouvelle manière de vivre.**

Le roi George V avait fait inscrire six maximes dans son bureau de Buckingham Palace. Voici l'une d'elles : « Apprenez-moi à ne dispenser comme à ne recevoir nulle vile flatterie. » J'ai lu un jour une définition de la flatterie qui vaut la peine qu'on s'y arrête : « Ce que vous êtes parle plus haut que ce que vous dites » ; c'est-à-dire : choisissez le langage qu'il vous plaira, vous ne pourrez jamais l'empêcher de révéler votre vraie nature.

S'il suffisait de flatter, la chose serait facile, et nous deviendrions tous de merveilleux diplomates.

Au lieu de nous concentrer sur nous-mêmes, efforçons-nous de voir les qualités de notre interlocuteur. Nous pourrons alors lui exprimer notre admiration sincère sans avoir recours à des compliments forcés qui sonneront faux.

Rendre justice aux mérites des autres est une qualité que nous négligeons de développer dans la vie de tous les jours. Pour une raison ou pour une autre, nous ne pensons pas toujours à féliciter nos enfants lorsqu'ils rapportent à la maison un bon carnet de notes ou lorsqu'ils ont réussi leur premier gâteau ou leur première maquette. Les enfants adorent quand leurs parents s'intéressent à ce qu'ils font et applaudissent leurs succès. Les adultes aussi. Alors la prochaine fois que vous dégusterez d'excellents ris de veau dans un restaurant, n'oubliez pas de complimenter le chef pour ses talents. Et si une vendeuse fait preuve envers vous d'une amabilité exceptionnelle, montrez-lui que vous appréciez sa courtoisie.

Quel pasteur, quel conférencier, quel orateur n'a été un jour déçu par l'apparente indifférence de son auditoire alors qu'il s'était adressé à lui avec tout son cœur ? Ce qui est vrai pour les professionnels de l'expression orale l'est à plus forte raison pour les cadres, les ingénieurs, les employés de bureau, les vendeurs, les ouvriers, et aussi pour nos proches et nos amis. Dans nos relations avec les autres, nous ne devrions jamais oublier que ceux qui nous entourent sont des êtres humains, et qu'ils sont tous avides d'éloges. L'éloge sincère est le miel des relations entre les hommes.

Pourquoi ne pas profiter de vos voyages quotidiens pour semer les graines de la gratitude ? Vous serez surpris de voir éclore les fleurs de l'amitié.

On ne transforme pas les autres en blessant leur amour-propre.

J'ai découpé une bonne vieille maxime que j'ai collée sur le miroir de ma salle de bains :

« Je ne passerai ici qu'une seule fois. Tout le bien que je puis faire, toute l'aide que je puis apporter à qui que ce soit, c'est maintenant, sans attente ni négligence, car je ne repasserai pas ici. »

Emerson disait : « Tout homme m'est supérieur en quelque manière et je m'instruis auprès de lui. »

Ce qui était vrai pour Emerson n'est-il pas mille fois plus vrai pour vous et moi ? Cessons de penser à nous-mêmes, à nos mérites, à nos désirs. Considérons ceux d'autrui. Pas de flatterie ! Que l'éloge généreux et sincère jaillisse de notre cœur ! Prodiguons des marques de gratitude et d'encouragement. Et nos paroles resteront gravées dans les cœurs ; elles seront répétées avec délices et chéries comme autant de trésors longtemps après que nous les aurons nous-mêmes oubliées.

► PRINCIPE 2 ◄

Complimentez honnêtement et sincèrement.

CHAPITRE 3

Qui en est capable a le monde avec lui, qui ne l'est pas reste seul

Chaque été, je vais pêcher sur un lac du Maine. En ce qui me concerne, je raffole des fraises à la crème. Mais je sais que, pour quelque raison mystérieuse, les poissons préfèrent les asticots. Aussi, lorsque je pêche, je ne pense pas à ce que j'aime, moi. Je pense à ce qu'ils aiment, eux. Je n'appâte pas mon hameçon avec des fraises à la crème. Je choisis plutôt quelque beau ver, quelque sauterelle, que je balance devant le poisson.

Pourquoi ne pas employer la même tactique à l'égard des hommes ?

Lloyd George, Premier ministre de Grande-Bretagne lors de la Première Guerre mondiale, savait fort bien l'utiliser. Quand on lui demandait comment il avait réussi à conserver le pouvoir, alors que tous les autres dirigeants de son époque, Wilson, Orlando, etc., étaient déjà oubliés, il répondait : « Je me suis toujours efforcé d'adapter l'appât au goût du poisson. »

Pourquoi toujours parler de ce que *nous* désirons ? Cela est vain, puéril, absurde. Naturellement, chacun s'intéresse à ce qu'il désire. Il s'y intéressera éternellement. Mais il sera le seul à y penser. Tous les autres sont semblables à lui sous ce rapport et ne se préoccupent que de leurs propres buts et aspirations. C'est pourquoi la seule façon d'influencer le voisin, c'est de lui parler de ce qu'il veut et de lui montrer comment il peut l'obtenir.

Rappelez-vous cela quand vous essaierez de modifier la conduite d'une personne. Si, par exemple, vous tenez à empêcher vos enfants de fumer, ne leur faites pas de sermon, ne leur parlez pas de ce que *vous* voulez. Démontrez-leur plutôt que la nicotine affectera leurs nerfs, leurs réflexes et causera peut-être un échec dans le prochain match de tennis, ou dans quelque autre compétition.

C'est là un excellent principe à appliquer, que vous ayez affaire à des enfants, des adultes, ou des veaux. Un jour, le philosophe Ralph Waldo Emerson et son fils s'efforçaient de faire entrer un veau dans une étable. Mais, commettant l'erreur commune, ils ne pensaient qu'à ce qu'ils *désiraient*. Et l'un tirait, tandis que l'autre poussait. Malheureusement, tout comme eux, le veau ne se préoccupait que de ce qu'il *voulait* ; il s'arc-boutait sur ses pattes et refusait de quitter son pâturage… La servante irlandaise vit la situation. Elle pensa simplement à ce qui tenterait l'animal. C'est pourquoi elle glissa dans sa gueule un doigt maternel qu'il se mit à sucer, et elle le conduisit doucement dans l'étable.

Chacune des actions que vous avez accomplies depuis le jour de votre naissance a été motivée par le fait que vous désiriez quelque chose. Oui, c'est vrai… il vous est arrivé de donner une somme importante à une œuvre de charité. Voilà un geste totalement désintéressé, direz-vous. Et pourtant, il ne fait pas exception à la règle ci-dessus. Vous avez fait ce don pour avoir la satisfaction d'être charitable, d'accomplir une action généreuse, belle et noble…

Si vous n'aviez pas désiré cette satisfaction plus que la possession de cette somme vous n'auriez pas fait ce don.

Il est possible que vous ayez versé la somme parce que vous aviez honte de refuser… ou parce que c'était un ami, un client, qui vous avait sollicité. Quoi qu'il en soit, une chose est certaine : vous avez donné parce que vous désiriez quelque chose.

Dans son livre remarquable, *L'Art d'influencer la conduite humaine*, le professeur Harry A. Overstreet déclare : « … L'action naît de nos désirs fondamentaux… Et le meilleur conseil qu'on puisse offrir à ceux qui désirent influencer leurs semblables, aussi bien dans les affaires, dans la politique, que dans l'enseignement ou la famille, **c'est, avant tout, d'éveiller chez eux un ardent désir.** » Il ajoute : « Celui qui peut réaliser cela s'attache tous les concours et toutes les sympathies, il connaît le succès. Celui qui en est incapable demeure pauvre et solitaire. »

Andrew Carnegie, l'humble garçon écossais qui, à ses débuts, ne gagnait que quelques *cents* de l'heure et qui, finalement, donna pour des œuvres la somme de 365 millions de dollars, avait, dès son jeune âge, compris que le seul moyen d'influencer un homme, c'est de s'intéresser à ce qu'il aime, à ce qu'il désire. Andrew avait fréquenté l'école pendant quatre ans seulement. Pourtant, il savait mener les hommes.

Sa belle-sœur avait deux grands fils à l'université de Yale ; ils lui causaient beaucoup de soucis, car ils n'écrivaient jamais, et dédaignaient même de répondre aux lettres que leur adressait leur mère.

Carnegie paria 100 dollars qu'il obtiendrait d'eux une réponse par retour du courrier, sans même la demander. Sur quoi, il écrivit à ses neveux une lettre aimable, terminée par un *post-scriptum* où il mentionnait négligemment qu'il envoyait à chacun un billet de cinq dollars. Il omit toutefois d'inclure l'argent…

Le tour était joué. Par retour du courrier, arriva une missive remerciant le « cher oncle Andrew » de sa bonté… et vous pouvez terminer vous-même.

Un autre exemple du pouvoir de persuasion nous est donné par un participant à notre Entraînement, Stan Novak, de Cleveland dans l'Ohio. Un soir, en rentrant chez lui après son travail, il trouve son plus jeune fils, Tim, tapant du pied, hurlant et se roulant par terre dans le salon. Le lendemain devait être son premier jour à l'école et il refusait catégoriquement d'y aller.

« Ma première réaction, nous dit Stan, a été de vouloir consigner mon fils dans sa chambre jusqu'à ce qu'il soit revenu à de meilleurs sentiments. Mais, ce soir-là, je me suis ravisé, reconnaissant que ce n'était pas là le meilleur moyen d'aider Tim à entrer à la maternelle dans les meilleures dispositions. J'ai préféré m'asseoir et réfléchir à la question : "Voyons, si j'étais à la place de Tim, qu'est-ce qui me donnerait envie d'aller au jardin d'enfants ? Me faire de nouveaux amis, chanter des chansons ou peindre avec les doigts…" Peindre avec les doigts. Voilà une bonne idée ! Sitôt pensé, sitôt fait. Toute la famille, ma femme Lil, mon fils aîné Bob et moi, nous réunissons autour de la table et nous nous amusons à peindre avec les doigts. Attiré par les rires, Tim vient jeter un coup d'œil et veut absolument participer à ce jeu. "Impossible, lui dis-je, il faut d'abord aller à la maternelle pour apprendre à peindre avec les doigts." Alors, avec enthousiasme et dans des termes qu'il comprend, je lui décris les activités proposées dans les jardins d'enfants et le plaisir que l'on peut en retirer. Le lendemain, je pense être le premier levé. Mais quelle n'est pas ma surprise de trouver Tim, profondément endormi dans un fauteuil du salon. "Que fais-tu ici ?" lui dis-je. "Je ne veux pas être en retard", me répond-il. Là où discussion et menace auraient échoué, l'enthousiasme manifesté la veille par toute la famille avait réussi et suscité chez Tim le désir de faire ce que nous lui proposions. »

Demain, vous aurez besoin de persuader quelqu'un de faire ceci ou cela. Avant de parler, réfléchissez, dites-vous : « Comment puis-je l'amener à *vouloir* faire ce que je lui demande ? »

Ainsi, vous éviterez de vous précipiter sans réfléchir chez les gens pour les entretenir futilement de *vos* projets et de *vos* désirs.

Chaque saison, je donne à New York une série de conférences et, à cet effet, je loue pour vingt soirées la salle d'un grand hôtel.

Une année, au début de la saison, je fus brusquement averti que le loyer de la salle venait d'être augmenté de près du triple. Les billets avaient été imprimés, distribués et toutes les annonces faites.

Évidemment, je ne voulais pas payer cette augmentation. Aller me plaindre au directeur de l'hôtel ? Entretenir un indifférent de ce qui me préoccupait ? À quoi bon ? Cet homme était tout pareil à moi : il ne s'intéressait qu'à ce qu'il voulait. Je réfléchis et, deux jours plus tard, j'allai le voir.

« J'ai été un peu surpris de recevoir votre lettre, lui dis-je. Cependant, je ne vous blâme nullement. Sans doute aurais-je agi de même à votre place. Votre devoir en tant que directeur de cet hôtel est d'en tirer le maximum de profit. Si vous ne le faites pas, vous serez licencié, et vous mériterez de l'être… Mais prenons une feuille de papier, voulez-vous, et considérons les avantages et les inconvénients que vous tirerez de cette hausse, si vous insistez pour la maintenir. »

Ayant d'un trait partagé la feuille en deux dans le sens de la hauteur, j'inscrivis d'un côté : « Avantages », et de l'autre : « Inconvénients ».

Dans la colonne des « Avantages », j'indiquai ces mots : « Salle de danse vacante », que je commentai ainsi verbalement : « Vous voyez, vous aurez la possibilité de louer la salle pour des bals, des réunions. C'est là un gros avantage, car dans ces cas-là le tarif est bien plus élevé, n'est-ce pas ? Si j'immobilise votre salle pendant trois semaines, vous perdrez certainement l'occasion de réaliser quelques bons bénéfices.

« Voyons maintenant les inconvénients. Premièrement, au lieu d'accroître le revenu que je vous apporte, vous allez le réduire ; vous allez même le réduire à néant, parce que, dans l'incapacité où je serai de payer le prix demandé, je choisirai un autre endroit pour mes conférences.

« En outre, ce n'est pas là le seul manque à gagner que vous aurez à subir. Mes conférences attirent ici un grand nombre d'auditeurs de la meilleure société, des gens cultivés, fortunés ou célèbres. Excellente publicité pour vous. En fait, vous dépenseriez 5 000 dollars en annonces dans les journaux que vous ne réussiriez pas à attirer chez vous les foules que mes conférences amènent. Cela représente une valeur pour votre hôtel, n'est-ce pas ? »

Tout en parlant, j'écrivis ces deux inconvénients dans la colonne *ad hoc*, puis je tendis le papier au directeur en lui disant : « Voulez-vous étudier soigneusement ces avantages et inconvénients, et me faire connaître ensuite votre décision ? »

Le lendemain matin, je reçus une lettre m'avisant que le loyer ne serait augmenté que de 50 % au lieu de 300 %.

Notez bien que j'avais obtenu cette réduction sans souffler mot de ce que je désirais. Tout le temps, j'avais entretenu mon auditeur de ce qui l'intéressait, de ce qu'il recherchait, et de la manière de l'obtenir.

Supposons maintenant que j'aie suivi mon impulsion naturelle, normale ; supposons que j'aie bondi chez le directeur en criant : « Qu'est-ce qui vous prend ? Vous augmentez subitement mon loyer de 300 %, quand vous savez que les billets sont imprimés et les annonces faites ? 300 % ! C'est ridicule ! C'est fou ! Jamais je ne paierai ça ! »

Que serait-il arrivé ? Nous aurions entamé une discussion enflammée, et vous savez comment les discussions se terminent d'habitude. Même si j'étais parvenu à le convaincre qu'il avait tort, son amour-propre l'aurait empêché de l'admettre.

Voici un des meilleurs conseils jamais formulés sur l'art de mener les hommes. Il est de Henry Ford : « Le secret du succès, s'il existe, c'est la faculté de se mettre à la place de l'autre et de considérer les choses de son point de vue autant que du nôtre. »

Cela est si juste que je veux le répéter : « Le secret du succès, **c'est la faculté de se mettre à la place de l'autre** et de considérer les choses de son point de vue autant que du nôtre. » Cette vérité est si simple, si évidente, que tout homme devrait la reconnaître immédiatement. Et pourtant, 90 % des individus l'ignorent dans 90 % des cas.

Un exemple ? Étudiez les lettres que vous recevrez demain à votre bureau, et vous constaterez que la plupart d'entre elles violent cette règle du bon sens. Prenons celle-ci, rédigée par le directeur d'une importante agence de publicité radiophonique. Cette circulaire fut adressée au directeur de chacune des stations locales de radio dans tout le pays. (J'ai indiqué, entre parenthèses, les réflexions suscitées en moi par la lecture des différents paragraphes.)

M. John Blank

Blankville (Indiana).

Cher monsieur Blank,

La Compagnie Megavox désire conserver la place prépondérante qu'elle a toujours occupée dans le domaine de la publicité radiophonique.

(Je me moque pas mal de ce que vous désirez. Je suis absorbé par mes propres soucis… La banque refuse de renouveler l'hypothèque de ma maison… Les pucerons dévorent toutes mes roses… Les cours ont fait une chute hier en Bourse… J'ai manqué mon train ce matin… Je n'ai pas été invité à la soirée des Jones… Le docteur me dit que j'ai de la tension artérielle et des pellicules… Sur ce, que m'arrive-t-il ? Je viens à mon bureau ce matin, préoccupé et d'assez méchante humeur ; j'ouvre mon courrier… et je tombe sur ce prétentieux qui m'écrit de New York pour m'entretenir de *ses* projets et de *ses* désirs ! S'il pouvait se douter de l'effet que me fait sa lettre, il abandonnerait tout de suite la publicité.)

C'est la publicité nationale diffusée par nos soins qui a formé la base des premières campagnes de publicité de ce genre. Et les programmes que nous avons élaborés depuis lors nous ont permis de nous élever au-dessus de toutes les agences concurrentes.

(Ah ! oui. Votre maison est la plus riche et la plus puissante. On le sait. Et après ? Ce que ça peut me laisser froid ! Vous pourriez être aussi fort que la General Motors et la General Electric réunies que ça ne me ferait pas plus d'effet. Si vous aviez seulement un soupçon d'intelligence, vous sauriez que ce qui m'intéresse, c'est mon importance à moi, pas la vôtre. En vous étendant complaisamment sur votre immense succès, vous ne parvenez qu'à me faire sentir l'humilité de ma position.)

Nous désirons fournir à nos clients les tout derniers renseignements concernant les diverses stations radiophoniques.

(Vous désirez ! Vous désirez ! Peu m'importe ce que vous désirez ou ce que le président des États-Unis désire.
Dites-vous bien une fois pour toutes que, pour m'intéresser, il faut me parler de ce que *je* désire. Vous n'en avez pas encore dit un mot dans votre lettre !)

Voulez-vous, par conséquent, nous fournir en priorité tous les renseignements relatifs à vos programmes et horaires, qui nous sont nécessaires chaque semaine pour faire un choix judicieux des meilleurs temps d'émission.

(« La priorité ! » Quel aplomb ! Par votre prétention, par vos déclarations vaniteuses, vous me faites sentir mon infériorité… Puis, vous venez me demander de vous donner « la priorité ». Et vous n'ajoutez même pas : s'il vous plaît !)

Une prompte réponse nous informant de vos récentes activités servira nos intérêts mutuels.

(L'imbécile ! Il m'adresse une formule polycopiée, une circulaire, dont les copies sont aussi nombreuses qu'au vent les feuilles d'automne ! Il a l'audace de me demander, à moi qui suis tracassé par mon échéance, ma tension artérielle, mes rosiers et je ne sais plus combien d'autres soucis, de prendre la peine de dicter une lettre personnelle en réponse à sa misérable circulaire. Et « promptement » encore ! Ne savez-vous pas, monsieur, que je suis tout aussi occupé que vous, du moins je me plais à le croire... Je n'aime pas beaucoup votre ton cavalier... Tiens ! vous dites ici que notre collaboration « servira nos intérêts mutuels ». Enfin ! vous avez commencé à vous intéresser à mon point de vue... Mais de quelle manière vague !)

Sincères salutations.

*Signé : ***, directeur.*

P.-S. : *L'extrait ci-joint du journal de Blankville vous intéressera, et peut-être jugerez-vous bon de le radiodiffuser à votre poste.*

(C'est dans ce post-scriptum, tout à la fin, que vous indiquez finalement quelque chose qui pourrait m'être utile. Pourquoi n'avez-vous pas commencé votre lettre par là ?... Mais je ne veux pas gaspiller mes conseils... Quand un homme qui se prétend agent de publicité est capable de perpétrer pareilles élucubrations, c'est qu'il est atteint de crétinisme avancé... Non, monsieur : ce qu'il vous faut, ce n'est pas une lettre vous renseignant sur mes plus récentes activités, c'est un peu d'iode pour votre glande thyroïde !)

En vérité, si un homme qui passe sa vie à étudier la publicité, et se pose en expert dans l'art d'influencer ses semblables, rédige ainsi ses lettres de prospection, alors que pourrons-nous attendre d'un non-spécialiste ?

*

Voici une autre lettre, adressée par le chef d'une grande gare de marchandises à un de nos participants, M. Edward Vermylen. Quel effet eut-elle sur son destinataire ? Lisez d'abord, et je vous renseignerai ensuite.

MM. A. ZEREGA et Fils,
Fabrique de Pâtes alimentaires,
28, Front Street, Brooklyn (New York).
À l'attention de M. Edward Vermylen.

« *Messieurs,*

« *Nos opérations de chargement sont handicapées du fait qu'une grande partie du fret nous parvient seulement à la fin de l'après-midi. Il en résulte l'embouteillage du service, des heures de travail supplémentaires pour nos employés, et des retards pour les camions et même pour l'expédition des colis. Le 10 novembre, nous avons reçu de votre maison un lot de 510 caisses qui est arrivé à 4 h 20.*

« Nous sollicitons votre coopération pour éviter les inconvénients regrettables créés par cet état de choses. En conséquence, nous nous permettons de vous demander s'il vous serait possible, les jours où vous expédiez d'importantes quantités de marchandises, de veiller à ce que vos camions nous parviennent plus tôt, ou à ce qu'une partie des expéditions nous soit livrée dès le matin.

« Grâce à cet arrangement, vous aurez l'avantage d'un déchargement plus rapide de vos camions et l'assurance que vos envois seront effectués promptement.

« Veuillez agréer…

J. B.
Contrôleur. »

Après avoir lu cette lettre, M. Vermylen, directeur commercial de la maison A. Zerega et Fils, me la communiqua en l'accompagnant du commentaire suivant : « Cette demande eut un effet exactement opposé à celui qu'on désirait. Elle débute par la description des difficultés de la Compagnie de chemins de fer qui, au fond, ne nous intéressent pas. Puis on sollicite notre coopération sans s'inquiéter de savoir si cela nous gênera ; enfin, dans le dernier paragraphe, on nous promet un déchargement plus rapide de nos camions et l'envoi de nos colis le jour même de leur réception à la gare.

« En d'autres termes, ce qui nous touche le plus est mentionné à la fin et, dans l'ensemble, le message suscite l'antagonisme plutôt que la coopération. »

Voyons si nous ne pouvons pas améliorer le texte de cette lettre. D'abord, ne perdons pas de temps à parler de nos problèmes à nous. Comme Henry Ford nous le conseille : « Mettons-nous à la place de l'autre et regardons les choses de son point de vue. »

Le texte proposé ci-dessous n'est peut-être pas idéal, mais ne marque-t-il pas, néanmoins, un progrès sur le précédent ?

« *Cher Monsieur,*

« *Depuis quatorze ans, nous avons le plaisir de vous avoir comme client. Naturellement nous vous en sommes très reconnaissants et nous avons à cœur de vous fournir le service rapide et efficace que vous méritez. Toutefois, nous devons vous avouer qu'il nous est difficile de le faire quand vos camions nous apportent un gros chargement à la fin de l'après-midi, comme ce fut le cas le 10 novembre. En effet, un grand nombre d'autres clients nous livrent aussi leurs marchandises le soir. Cela provoque un embouteillage. Il s'ensuit que vos camions sont immobilisés au quai et que parfois même vos expéditions sont retardées.*

« *C'est là un état de choses fort regrettable. Comment l'éviter ? En livrant vos marchandises au début de l'après-midi, vos camions n'auront pas à stationner ; vos envois seront effectués rapidement et nos employés pourront rentrer de bonne heure chez eux pour se régaler de ces délicieux macaronis que vous fabriquez.*

« *Quelle que soit l'heure à laquelle nous parviendront vos marchandises, nous serons toujours heureux de vous servir le plus rapidement possible.*

« *Je sais combien vous êtes occupé ; ne vous donnez pas la peine de répondre à cette lettre.*

« *Veuillez croire à mes sentiments tout dévoués.*

J. B.
Contrôleur. »

Un jour, Barbara Anderson, qui travaillait dans une banque de New York, décida d'aller habiter Phoenix, en Arizona, persuadée que le climat conviendrait mieux à son fils. Appliquant les principes qu'elle avait expérimentés dans notre Entraînement, elle adressa la lettre suivante à douze directeurs de banque de Phoenix.

« *Monsieur,*

« *Mes dix années d'expérience bancaire devraient intéresser une banque en pleine expansion comme la vôtre. Mes activités au sein de la Société Fiduciaire de New York m'ont conduite au poste de directrice d'agence que j'occupe à présent. Elles m'ont permis de me spécialiser dans les différents systèmes bancaires de dépôt, de crédit, de prêt et de gestion.*

« *Je vais m'installer à Phoenix au mois de mai et je suis sûre de pouvoir participer au développement de votre banque. Je serai à Phoenix la semaine du 3 avril et je vous serais reconnaissante de me donner l'occasion de vous montrer comment je peux aider votre établissement à atteindre ses objectifs.*

« *Veuillez agréer…*

Barbara L. Anderson. »

Ce n'est pas une, mais onze réponses que Mme Anderson reçut à sa lettre. Toutes lui offraient une entrevue avec la direction. Elle n'eut plus qu'à choisir. Pourquoi un tel succès ? Parce qu'au lieu de mentionner ce qu'elle voulait, elle avait préféré mettre l'accent sur ce qu'ils désiraient, eux. Elle avait su présenter les choses de leur point de vue et non du sien.

Des milliers de vendeurs parcourent actuellement les routes, las, découragés, mal payés. Pourquoi ? Parce qu'ils ne pensent qu'à eux, qu'à ce *qu'ils* recherchent. Ils n'ont pas compris que ni vous ni moi ne désirons acheter – c'est-à-dire dépenser – mais que nous désirons tous résoudre nos problèmes personnels. Or le vendeur qui nous aidera à y parvenir, qui nous montrera comment ses services ou sa marchandise nous permettront de faire une économie, d'éviter la monotonie, de nous distraire ou d'assurer notre avenir, celui-là aura su nous convaincre. Ou, plutôt, nous nous serons convaincus nous-mêmes, sans qu'on ait fait pression sur nous. Et nous achèterons !

Pourtant, combien d'hommes passent leur vie à vendre sans s'occuper du point de vue de l'acheteur. J'habite Forest Hills, petite localité de la banlieue de New York. Un matin, tandis que je me rendais à la gare, je rencontrai un ancien agent de location immobilière qui avait vécu longtemps dans la région. J'en profitai pour lui demander s'il pouvait me donner un petit renseignement sur ma villa : était-elle construite en briques creuses ou en briques pleines ? Il me dit qu'il ignorait ce détail et me conseilla de m'adresser au Syndicat des Architectes. Je n'avais pas besoin de lui pour me le dire... Le lendemain, je reçus une lettre de lui. Vous croyez peut-être qu'elle contenait les éclaircissements désirés ? Il lui eût été facile de les obtenir par un simple coup de téléphone. Pas du tout. Il me réitérait son conseil de téléphoner moi-même au Syndicat, puis il me proposait de devenir mon agent d'assurances.

Il attendait de moi un gros avantage et n'était même pas disposé à me faire en échange une faveur infime.

J. Howard Lucas, de Birmingham, Alabama, nous raconte comment deux représentants, appartenant à la même compagnie, ont traité un même type d'affaires. Je cite ses paroles :

« Il y a quelques années, je faisais partie du comité de direction d'une petite société. À côté, était installé le bureau régional d'une importante compagnie d'assurances. Des territoires précis étaient assignés à leurs agents et notre propre société était sous la responsabilité de deux d'entre eux, que j'appellerai Carl et John.

« Un jour, Carl passa dans notre bureau et signala par hasard que sa compagnie venait de rédiger une nouvelle police d'assurance, destinée aux cadres de direction. Il pensait que cela pourrait nous intéresser dans l'avenir et il nous dit qu'il reviendrait quand il aurait plus de renseignements à nous fournir.

« Le même jour, John nous aperçut de loin, sur le trottoir, alors que nous revenions d'une pause-café. Il se mit à crier : “Eh Lucas ! Attendez, j'ai de très bonnes nouvelles pour vous.” Il se dépêcha de nous rejoindre et se mit à nous parler avec enthousiasme d'une police d'assurance vie réservée aux cadres, que sa compagnie venait de rédiger ce jour-là. (Il s'agissait de la police d'assurance dont Carl nous avait parlé en passant.) Il tenait absolument à ce que nous bénéficiions d'un des premiers contrats mis en circulation. Il nous donna quelques détails importants sur la couverture et termina en disant : “Cette police d'assurance est si récente que je vais vous envoyer quelqu'un du Bureau central dès demain pour vous fournir de plus amples explications. En attendant, pour activer les choses, remplissons les formulaires pour que la personne du Bureau central puisse travailler avec plus de données.” Son enthousiasme suscita en nous un vif désir de souscrire à cette police d'assurance, même sans les éléments. Lorsque ceux-ci furent à notre disposition, ils vinrent confirmer ce que John nous en avait dit. Non seulement John réussit à vendre à chacun de nous, mais, par la suite, nous avons souscrit d'autres contrats auprès de lui. Carl aurait pu réaliser ces ventes, mais il n'avait pas fait le moindre effort pour éveiller en nous un quelconque désir. »

Hélas ! le monde est plein d'individus avides et égoïstes. C'est pourquoi l'être exceptionnel qui s'efforce de servir autrui généreusement et sans arrière-pensée possède un énorme avantage sur le reste de l'humanité, car il ne rencontre guère de concurrence.

Owen D. Young, l'économiste connu, père du plan Young, disait : « L'homme qui peut se mettre à la place des autres, qui peut comprendre le mécanisme de leurs pensées, n'a pas à s'inquiéter de ce que l'avenir lui réserve. »

Si la lecture de ce livre ne vous apportait qu'une seule chose : **une aptitude croissante à considérer en toutes choses le point de vue d'autrui, eh bien ! ce livre compterait parmi les étapes principales de votre carrière.**

Considérer le point de vue d'autrui pour susciter en lui le vif désir de faire ce que vous proposez ne doit pas être interprété en termes de manipulation où la personne serait amenée à agir dans votre intérêt et contre le sien. Dans toute négociation, les deux parties devraient être gagnantes. Dans les lettres à M. Vermylen, l'expéditeur comme le destinataire sont gagnants en réalisant ce qui a été suggéré. Gagnantes aussi la banque et Mme Anderson, la banque en accueillant une employée de valeur, Mme Anderson en obtenant l'emploi qui lui convient.

En appliquant ce principe, tout le monde trouve son compte. L'exemple de Mike Whidden, de Warwick, Rhode Island, en est une parfaite illustration. Mike est représentant et travaille pour la compagnie Shell. Son ambition est de devenir le vendeur numéro un de sa région. Mais une seule station d'essence l'en empêche. Tenue par un homme d'un certain âge qui n'est nullement disposé à y remettre de l'ordre, cette station-service est dans un tel état que les ventes ont considérablement baissé.

Mike a beau le supplier de remettre la station-service en état, le gérant reste sourd à ses exhortations. Alors, Mike décide de l'inviter à visiter la station Shell la plus moderne de sa région.

Le gérant est impressionné par l'équipement ultramoderne. Lorsque Mike lui rend visite la fois suivante, il découvre une station-service impeccable et dont les ventes ont augmenté. Mike est devenu le vendeur numéro un de sa région. Paroles et discours avaient été inutiles mais, en montrant au gérant cette station-service ultramoderne, Mike avait réussi à éveiller son intérêt. En suscitant en cet homme le désir de faire ce qu'il proposait, Mike avait aussi atteint son objectif. Mike et le gérant étaient tous deux gagnants.

Pourquoi, parmi la masse de connaissances si diverses qu'ils s'efforcent d'assimiler au cours de leurs études, les hommes négligent-ils les principes les plus élémentaires de la psychologie pratique ?

Je me souviens d'un de mes élèves qui voulait persuader ses camarades de jouer au basket. Voici ce qu'il leur disait : « Je voudrais que vous veniez à notre gymnase jouer au basket. Moi, j'aime beaucoup le basket, mais, la dernière fois, nous n'étions pas assez nombreux pour former une équipe. Ce n'est pas drôle de jouer dans de telles conditions… Aussi j'aimerais que vous veniez demain… Le basket est mon sport favori, et je n'ai pas de partenaires pour y jouer… »

Et voilà comment ce garçon comptait décider ses compagnons, c'est-à-dire éveiller en eux le désir de faire ce qu'il proposait. Il parlait de lui, rien que de lui. Pas un instant il n'avait songé à prononcer les paroles qui auraient pu les stimuler. Pour quelle raison ces garçons seraient-ils allés à un gymnase où personne ne voulait jouer ?

Qu'il eût été facile, pourtant, de trouver des arguments convaincants ! Faire miroiter à leurs yeux les bienfaits du sport, du grand air, d'une bonne forme athlétique, la gaieté, le plaisir du jeu, etc. « Éveiller chez eux un ardent désir », comme disait le professeur Overstreet.

J'ai connu un père, M. K. T. Dutschmann, ingénieur des téléphones, dont la petite fille, âgée de trois ans, refusait fermement chaque matin sa bouillie de céréales. Les gronderies, les raisonnements, les caresses, rien n'y faisait. Alors, les parents se demandèrent : « Comment lui donner l'envie de manger son petit déjeuner ? »

La fillette adorait imiter sa mère. C'est pourquoi on la hissa un jour sur une chaise et on lui laissa préparer elle-même sa bouillie… Puis, au moment psychologique, le papa entra, l'air de rien, dans la cuisine, et la petite annonça fièrement, tout en tournant la cuiller dans la casserole : « Regarde, papa ! C'est moi qui fais mon déjeuner ce matin. »

Elle prit deux assiettes de bouillie, sans se faire prier le moins du monde : c'était *elle* qui l'avait faite ; elle en était fière ; elle se sentait importante. Elle avait agi selon sa propre initiative, elle avait manifesté sa personnalité.

Un philosophe a dit que « manifester sa personnalité est pour l'homme une nécessité dominante ». Alors, pourquoi ne pas utiliser cette tactique en affaires ? Quand il nous vient une idée brillante, laissons croire à notre client ou à notre collaborateur qu'elle vient de lui. Qu'il la cuise et la mitonne, comme la petite fille préparait sa bouillie. Il la considérera comme sienne, il en sera fier, il l'aimera… et peut-être en réclamera-t-il deux assiettées, lui aussi !

Rappelez-vous bien ceci :

Éveillez d'abord un ardent désir chez la personne que vous voulez influencer… Celui qui en est capable a le monde avec lui, celui qui ne l'est pas reste seul.

▶ PRINCIPE 3 ◀

Éveillez d'abord un ardent désir chez la personne que vous voulez influencer.

En résumé

Six façons de faire que les gens vous aiment

► Principe 1 ◄

Ne critiquez pas, ne condamnez pas,
ne vous plaignez pas.

► Principe 2 ◄

Complimentez honnêtement et sincèrement.

► Principe 3 ◄

Éveillez un ardent désir chez la personne
que vous voulez influencer.

DEUXIÈME PARTIE

Six moyens de gagner la sympathie des autres

CHAPITRE 4

Pour être partout le bienvenu

Parmi les plus doux souvenirs de mon enfance, je revois toujours un petit chien à poil jaune, à la queue écourtée, qui s'appelait Tippy. Tippy n'avait jamais lu le moindre bouquin de psychologie. Il n'en avait pas besoin. Ni le professeur William James ni le professeur Harry A. Overstreet n'auraient pu lui apprendre quoi que ce soit sur l'art de plaire. Il avait une méthode parfaite pour se faire aimer des gens : il les aimait lui-même. L'affection qu'il me marquait était si spontanée et si sincère que je ne pouvais m'empêcher de le chérir en retour.

Voulez-vous gagner les sympathies ? Faites comme Tippy. Soyez aimable. Oubliez-vous. Pensez aux autres.

Vous vous ferez plus d'amis en deux mois en vous intéressant sincèrement aux autres que vous ne pourriez en conquérir en deux ans en vous efforçant d'amener les autres à s'intéresser à vous.

Et, pourtant, nous connaissons tous des gens qui peinent toute leur vie en voulant à tout prix que les autres s'intéressent à eux.

Vains efforts !... Les gens ne songent pas à vous. Ils ne songent pas à moi. Ils songent à eux-mêmes. Ils y pensent le matin, à midi et le soir.

La compagnie des téléphones de New York vient de faire une enquête pour savoir quel était le mot le plus fréquemment employé au cours des conversations. Vous avez deviné... C'est le pronom personnel « je ». Il a été prononcé trois mille neuf cents fois au cours de cinq cents conversations, « je », « je », « je »... « Moi », « moi », « moi » !

Quand vous examinez la photographie d'un groupe dont vous faites partie, quelle est la personne que vous regardez la première ?

Si nous nous efforçons seulement d'impressionner nos semblables, d'attirer leur attention sur nous-mêmes, nous n'aurons jamais beaucoup d'amis sincères. Les amis, les vrais amis, ne se gagnent pas ainsi.

Napoléon le savait bien et, lors de sa dernière entrevue avec Joséphine, il lui dit : « Joséphine, j'ai été aussi comblé qu'un homme peut l'être sur cette terre. Et pourtant, en ce moment, tu es la seule personne au monde sur laquelle je puisse compter. » Et les historiens se demandent s'il pouvait même compter sur elle...

Alfred Adler, le célèbre philosophe, a écrit un livre magnifique, intitulé *Le Vrai Sens de la vie*, où il dit : « L'individu qui ne s'intéresse pas à ses semblables est celui qui rencontre le plus de difficultés dans l'existence et nuit le plus aux autres. »

Vous pourrez lire des douzaines de volumes sur la psychologie avant de découvrir une phrase aussi vraie et aussi riche de sens.

La déclaration d'Adler est si importante que je veux l'écrire encore :

« *L'individu qui ne s'intéresse pas à ses semblables est celui qui rencontre le plus de difficultés dans l'existence et nuit le plus aux autres.* »

Le directeur d'un grand magazine, homme averti et expérimenté, déclara, au cours d'une conférence, qu'il lui suffisait de parcourir deux ou trois paragraphes des innombrables contes et nouvelles qu'on lui adressait chaque jour pour savoir si l'auteur aimait ses semblables. « Si l'écrivain n'aime pas les autres, ceux-ci n'aimeront pas ses histoires », assurait-il.

Il s'interrompit à deux reprises pour s'excuser de faire un sermon : « Je vous parle comme un prédicateur, mais c'est la vérité, il faut vous intéresser aux gens pour que vos histoires plaisent. »

Si cela est juste lorsqu'il s'agit de nouvelles ou de romans, vous pouvez être certains que ce l'est d'autant plus quand il s'agit de s'adresser aux gens face à face.

J'ai passé une soirée dans la loge d'Howard Thurston lors de son dernier spectacle à Broadway. Thurston, le doyen des magiciens, le roi des prestidigitateurs ! Quarante ans durant, il parcourut le monde, créant l'illusion, mystifiant les auditoires, étonnant des salles entières. Plus de soixante millions de personnes assistèrent à ses spectacles.

Je priai M. Thurston de me faire connaître le secret de son succès. Disons tout de suite qu'il ne le devait pas à son instruction : il quitta le foyer de ses parents encore enfant, devint vagabond, voyagea dans les wagons à bestiaux, dormit dans les meules de foin, mendia son pain de porte en porte, et apprit à lire en regardant les affiches le long de la voie ferrée.

Peut-être connaissait-il à fond la science de la magie ? Nullement. Il m'avoua lui-même qu'il existait des centaines de livres sur ce sujet, et qu'il ne manquait pas de gens qui en savaient aussi long que lui. Mais il possédait deux qualités que les autres n'avaient point : d'une part, il avait une personnalité qui plaisait, c'était un acteur consommé et un excellent psychologue. Tout ce qu'il faisait, chacun de ses gestes, chaque intonation de sa voix, chaque haussement de sourcil, avait été soigneusement étudié d'avance. D'autre part, Thurston s'intéressait sincèrement aux gens. Il me dit que bien d'autres magiciens, dévisageant leur auditoire, pensaient : « Tout ça, c'est des ballots ! Une bande de poires ! Je vais leur en mettre plein la vue ! » Mais la méthode de Thurston était bien différente. Il me confia que, chaque fois qu'il entrait en scène, il se disait : « Je suis reconnaissant à tous ces gens d'être venus me voir. Ils me permettent de gagner ma vie fort agréablement. Je vais leur donner le meilleur de moi-même. »

Il déclara qu'il ne s'avançait jamais au bord de la rampe sans s'être tout bas répété au préalable : « J'aime mon auditoire », « J'aime mon auditoire ». C'est ridicule ? Puéril ? Vous avez le droit de penser ce que vous voudrez. Je vous communique simplement cette attitude sans commentaires, parce qu'elle a fait le succès d'un des plus célèbres magiciens de tous les temps.

George Dyke, de North Warren en Pennsylvanie, avait tenu une station-service pendant trente ans. Mais la construction d'une autoroute passant par l'emplacement de son poste d'essence l'avait mis à la retraite forcée. L'oisiveté, le désœuvrement ne tardèrent pas à lui peser et, pour remplir ses journées, il se remit à gratter du violon. Puis il parcourut la région, écoutant jouer et parler des violonistes de talent. De sa manière simple et amicale, il s'intéressa à la vie, au milieu, aux préoccupations de tous les musiciens qu'il rencontrait. Bien que médiocre violoniste lui-même, il se fit ainsi de nombreux amis. Il assista à différents concours et rapidement se fit un nom parmi les mordus de country-music à l'est des États-Unis. Tout le monde l'appelait « Oncle George, le racleur de violon de Kinzua Country ». Lorsque nous avons entendu George pour la première fois, il avait soixante-douze ans et appréciait chaque minute de son existence. L'intérêt constant qu'il portait à autrui transforma sa vie à un âge où la plupart d'entre nous considèrent qu'elle n'a plus de saveur et qu'il est trop tard pour en profiter.

Telle fut aussi l'origine de l'étonnante popularité de Theodore Roosevelt. Ses domestiques mêmes l'adoraient. Son valet de chambre noir, James E. Amos, écrivit sur lui un livre intitulé : *Theodore Roosevelt, le héros de son valet*.

Il y relate cet incident significatif :

« Une fois, ma femme avait interrogé le Président sur les perdrix. Elle n'en avait jamais vu, et le Président lui en fit la description minutieuse. Quelque temps plus tard, notre téléphone sonna. (Amos et sa femme habitaient un petit cottage dans la propriété des Roosevelt, à Oyster Bay.) Ma femme répondit. C'était M. Roosevelt en personne qui parlait à l'autre bout du fil. Il l'avait appelée pour l'avertir qu'une perdrix se trouvait devant sa fenêtre et que, si elle voulait regarder, elle la verrait… Ces petites attentions lui étaient particulières. Quand il passait près de notre chalet, même si nous étions hors de vue, il criait : “Hou-hou, Annie ! Hou-hou, James ! Un salut amical en passant !” »

Comment des serviteurs n'adoreraient-ils pas un maître pareil ? Comment chacun ne l'aimerait-il pas ?

Roosevelt vint un jour à la Maison-Blanche en l'absence du Président Taft et de sa femme. Il montrait son amitié pour les humbles en appelant par leur nom tous les domestiques de la résidence présidentielle, jusqu'aux filles de cuisine.

« Quand il vit Alice, la cuisinière, dit un chroniqueur, il lui demanda si elle faisait toujours du pain de maïs. Elle répondit qu'elle en confectionnait encore pour l'office, mais qu'aucun des maîtres n'en prenait.

« "C'est qu'ils ont mauvais goût ! tonna joyeusement Roosevelt. Je le dirai au Président quand je le verrai."

« Alice lui apporta une tranche de pain de maïs sur une assiette, et il se dirigea vers le bureau en la mangeant, tout en saluant les jardiniers et autres travailleurs qu'il voyait sur son chemin.

« Il interpellait chacun comme par le passé. Tous parlent encore à voix basse du temps où il habitait la Maison-Blanche. Et un vieil employé déclarait avec des larmes dans la voix : "C'est le seul jour de bonheur que nous ayons eu en deux ans, il n'est pas un d'entre nous qui consentirait à l'échanger contre un billet de cent dollars !" »

C'est l'intérêt porté à des gens apparemment sans importance qui permit au représentant de commerce Edward M. Sykes Jr., de Chatham, New Jersey, de conserver un client.

« Il y a des années de cela, nous raconta-t-il, je représentais la maison Johnson et Johnson dans la région du Massachusetts et j'allais rendre visite aux clients. L'un d'eux tenait un drugstore à Hingham.

Chaque fois que je me rendais dans son magasin, je m'entretenais quelques minutes avec les vendeurs avant de m'adresser au propriétaire pour prendre sa commande. Mais un jour, ce dernier me fit comprendre que je n'avais plus rien à faire chez lui. Acheter nos produits ne l'intéressait plus. Il lui semblait, en effet, qu'en concentrant nos activités sur les magasins de demi-gros et les grandes surfaces, nous faisions du tort aux petits magasins. Je partis la tête basse, mais après avoir roulé quelque temps dans la ville, je décidai de refaire une tentative pour au moins expliquer à cet homme notre position.

« Je pénétrai dans le magasin et, comme d'habitude, saluai les deux vendeurs. Quelle ne fut pas ma surprise de voir le propriétaire me sourire et me réserver un chaleureux accueil. Puis il me passa une commande deux fois plus importante que les précédentes. Qu'est-ce qui avait bien pu se passer ? En me désignant l'un des deux jeunes vendeurs, il me raconta qu'après mon départ, ce garçon était venu le voir pour lui dire que j'étais l'un des rares représentants de commerce qui, en entrant dans le magasin, prenaient la peine de leur dire bonjour, à lui et aux autres employés. S'il y avait donc une personne digne d'exercer son métier, c'était bien moi. Cette remarque reçut l'approbation du propriétaire qui resta notre fidèle client. Je n'oublierai jamais cette leçon. Porter un intérêt sincère à autrui est la première qualité qu'un vendeur doit posséder, comme tout un chacun d'ailleurs. »

Je sais par expérience que l'on peut capter l'attention et obtenir la coopération des personnages les plus importants et les plus sollicités, simplement en leur montrant l'intérêt et l'admiration sincères qu'on a pour eux.

Par exemple, il y a plusieurs années, je dirigeais un cours de rédaction à l'Institut des arts et des sciences, à Brooklyn. Nous désirions que Kathleen Norris, Fannie Hurst, Ida Tarbell, Albert Payson Terhune, Rupert Hughes et quelques autres auteurs célèbres vinssent faire des conférences. Nous avions donc écrit à chacun d'eux une lettre où nous leur disions combien nous admirions leur œuvre et combien nous leur serions reconnaissants de nous donner des conseils et de nous faire connaître le secret de leur succès.

Chaque missive, portant cent cinquante signatures environ, contenait une liste de questions concernant leur vie et leurs méthodes de travail, car nous les supposions trop occupés pour préparer une conférence. Le procédé leur plut. À qui ne plairait-il pas ? Ils sont tous venus à Brooklyn nous apporter leur concours.

De la même manière, j'ai amené bien d'autres célébrités à venir prendre la parole dans mes stages. Parmi elles se trouvaient Leslie M. Shaw, ministre du Trésor sous la présidence de Theodore Roosevelt, George Wickersham, procureur général sous celle de Taft, William Jennings Bryan, l'apôtre de la paix, et Franklin D. Roosevelt.

Tous, qui que nous soyons – boucher, ingénieur ou roi sur son trône –, tous, nous aimons ceux qui nous admirent. Prenez l'exemple du Kaiser. À la fin de la Première Guerre, il était sans doute l'homme le plus farouchement et le plus universellement haï de toute la terre. Son peuple se retourna contre lui et il dut fuir en Hollande pour sauver sa tête. Si violente était l'exécration qu'il inspirait que des millions d'hommes et de femmes auraient pris plaisir à le brûler vif ou à l'écarteler. Or, parmi ce flamboiement de haines, il se trouva un petit garçon pour écrire au Kaiser une lettre simple et sincère, débordante de sympathie et d'admiration. L'enfant expliquait que, quoi que tous les autres gens puissent penser, il aimerait toujours Guillaume, son empereur. Le Kaiser fut profondément touché par ce message et invita le petit garçon à venir le voir en Hollande. Celui-ci vint accompagné de sa mère, et tout cela se termina par un mariage…

Pour conquérir l'amitié des gens, ne craignons pas de nous donner de la peine, d'accomplir des choses qui exigent du temps, de la réflexion, des efforts et de l'abnégation. Au temps où l'ex-roi Édouard III était prince de Galles, il devait faire une tournée en Amérique du Sud. Pour se préparer à ce voyage, il étudia pendant plusieurs mois l'espagnol, afin de prononcer ses discours dans la langue du pays. C'est ainsi qu'il conquit le cœur des Sud-Américains.

Voici des années que je note soigneusement sur un carnet les anniversaires de mes amis. Comment je m'y prends pour les découvrir ? C'est très simple. Bien que je n'aie pas la moindre foi en l'astrologie, je commence par demander à mon ami s'il croit que la date de naissance a un rapport avec le caractère et la destinée. Je m'enquiers ensuite du mois et du jour de sa naissance. S'il répond : le 24 novembre, par exemple, j'enregistre et je répète mentalement : 24 novembre… 24 novembre… Dès qu'il a le dos tourné, j'inscris sur un papier son nom et cette date, et, un peu plus tard, je transfère ces indications sur mon carnet. Au début de l'année, je porte chaque anniversaire sur la page correspondante de mon agenda, de façon que, le moment venu, il soit automatiquement rappelé à mon intention. Le jour arrivé, j'expédie ma lettre ou mon télégramme de félicitations… Quelle surprise ! Quel succès ! Bien souvent je suis le seul à m'être souvenu de l'anniversaire.

Vous voulez vous rendre sympathique ? Alors, accueillez les gens avec chaleur et empressement. Au téléphone, faites de même : répondez « Allô » sur un ton qui montre que vous avez du plaisir à entendre la voix qui vous appelle. La compagnie des téléphones de New York enseigne à ses standardistes à dire cette phrase : « Quel numéro demandez-vous ? » d'une manière si plaisante qu'elle signifie : « Bonjour ! Je suis heureuse de vous servir. » Pensons à cela demain en décrochant notre téléphone.

Montrer intérêt et admiration sincères à autrui est une qualité qui vous permet de gagner sa sympathie. Et lorsque les employés d'une compagnie en font preuve, leurs clients leur restent fidèles. Dans une publication de la Banque nationale d'Amérique du Nord de New York est parue une lettre d'une cliente, Madeline Rosedale :

« J'aimerais que vous sachiez à quel point j'apprécie votre personnel. Tout le monde chez vous est si gentil, si courtois et si serviable. Quel plaisir, après avoir fait la queue, d'être aimablement accueilli par le caissier.

« L'année dernière, ma mère a dû être hospitalisée cinq mois et votre caissière, Marie Petrucello, ne manquait jamais de me demander de ses nouvelles. »

Après ce témoignage, pouvons-nous encore douter que Mme Rosedale ne reste fidèle à cette banque ?

Charles R. Walters, analyste financier dans une grande banque de New York, fut chargé de préparer un rapport confidentiel sur le crédit d'une certaine société. Il connaissait un seul homme possédant les renseignements désirés. Il se rendit chez lui. C'était le président d'une vaste entreprise industrielle. À peine introduit, il vit une secrétaire passer sa tête par la porte d'un bureau adjacent et annoncer à son chef qu'elle « n'avait pas de timbres pour lui aujourd'hui ».

« Je collectionne les timbres pour mon fils qui a douze ans », expliqua le président.

M. Walters exposa le but de sa mission et commença à poser quelques questions. Mais l'industriel se montra extrêmement vague, réticent, nébuleux. Il ne désirait pas se compromettre et rien ne l'incitait à parler. L'entrevue fut brève… et stérile.

« Franchement, je ne savais que faire », disait M. Walters en rapportant l'histoire à ses camarades de promotion.

« Alors, je me souvins de la remarque de sa secrétaire : les timbres… le jeune fils… Je me rappelai aussi que le Service étranger de notre banque recueillait tous les timbres qu'un courrier énorme lui apportait chaque jour.

« J'étais sauvé. Le lendemain, dans l'après-midi, je retournai voir mon homme. Je lui fis passer un petit billet l'informant que j'apportais des timbres pour son fils… Ah ! mes amis, quel accueil ! Il ne m'aurait pas secoué la main avec plus d'enthousiasme si j'avais été électeur et lui candidat au Congrès. Il n'était que sourires et bonnes dispositions. Il ne cessait de répéter, tout en tournant et retournant les vignettes : “Mon George sera enchanté de celui-ci ! Et celui-là ! C'est une merveille !…”

« Pendant une demi-heure, nous avons parlé timbres, tout en regardant la photographie du jeune garçon. Puis cet important personnage passa une autre heure à me donner tous les renseignements que je désirais, et que je n'avais même pas eu à lui demander. Après m'avoir révélé tout ce qu'il savait, il fit appeler ses employés pour les interroger : il téléphona devant moi à d'autres personnes qu'il connaissait pour obtenir des données supplémentaires. Il me combla de rapports, de chiffres et de correspondance. Un triomphe sans précédent. »

Voici un autre cas :

Le représentant d'un marchand de combustibles, M. Knaphle, de Philadelphie, s'efforçait depuis des années de conquérir la clientèle d'une grande entreprise aux nombreuses succursales. En vain. Celle-ci continuait à commander son charbon à un fournisseur qui habitait hors de la ville et à le ramener dans des camions qui passaient juste sous ses fenêtres. M. Knaphle bouillait. Un soir, dans notre groupe d'entraînement à la parole en public, il attaqua publiquement les entreprises à succursales multiples, les déclarant nuisibles à la nation.

Et il s'étonnait, ensuite, de ne pouvoir gagner leur clientèle !

Je lui suggérai une tactique différente. Nous allions organiser un débat dont le sujet serait le suivant : « Les *chain-stores* sont-ils nuisibles à l'économie du pays ? »

Sur mon conseil, Knaphle devait adopter, dans la controverse, une attitude favorable aux sociétés à succursales multiples. Il accepta de le faire. Puis il alla trouver carrément un des dirigeants de la centrale d'achat, et lui parla ainsi :

« Monsieur, je ne suis pas venu ici pour vous vendre du charbon… Je suis venu pour vous demander un conseil. » Il expliqua le projet de débat, et conclut : « Vous seul, monsieur, pouvez m'aider ; je ne vois personne qui saurait, mieux que vous, me fournir les renseignements dont j'ai besoin. J'ai à cœur de triompher dans ce débat, et je vous serais très reconnaissant de l'aide que vous pourrez m'apporter… »

Voici la fin de l'histoire, racontée par M. Knaphle :

« J'avais demandé à cet homme exactement une minute de son temps : c'est seulement à cette condition qu'il avait consenti à me recevoir. Or, après m'avoir entendu, il me pria de m'asseoir, puis parla (soyons précis) pendant une heure et quarante-sept minutes ! Il fit appeler un autre chef qui avait rédigé un ouvrage sur les *chain-stores*. Il écrivit à leur association nationale pour demander copie d'une étude sur le sujet. Quant à lui, il était profondément convaincu qu'elles rendaient un réel service aux consommateurs ; il était fier de penser que, grâce à sa Maison, des centaines de villes étaient approvisionnées plus sainement, plus rapidement, plus avantageusement. Tandis qu'il parlait, ses yeux brillaient d'enthousiasme. Je dois avouer qu'il modifia complètement mon point de vue.

« Quand je partis, il m'accompagna à la porte, son bras passé autour de mes épaules, me souhaita bonne chance et m'invita à revenir le voir plus tard pour lui faire connaître l'issue du débat. Les dernières paroles qu'il prononça furent celles-ci : "Passez donc au printemps… Je voudrais vous donner une commande de charbon."

« Pour moi, c'était presque un mirage : il m'offrait une commande, sans que j'aie eu à la solliciter. J'avais fait plus de chemin en deux heures en m'intéressant sincèrement à lui et à ses affaires, que je n'aurais pu en accomplir en deux ans en m'efforçant de l'intéresser à mon charbon. »

Ce n'est pas une vérité nouvelle que vous avez découverte, monsieur Knaphle. Il y a bien longtemps, cent ans avant Jésus-Christ, un poète romain, Publilius Syrus, observait : « Nous nous intéressons aux autres quand ils s'intéressent à nous. »

Comme tous les principes de relations humaines, témoigner de l'intérêt à autrui doit être appliqué avec une totale sincérité. N'oublions pas que les deux parties en présence doivent être gagnantes : celle qui exprime sa sollicitude et celle à qui elle s'exprime.

Un de nos participants, Martin Ginsberg, de Long Island dans l'État de New York, nous a raconté comment la tendresse qu'une infirmière lui avait témoignée lorsqu'il était enfant avait laissé en lui un souvenir impérissable.

« C'était le jour de Thanksgiving et j'avais dix ans. Je me trouvais dans une salle de l'hôpital municipal et je devais subir, le lendemain, une très importante opération de chirurgie orthopédique. Tout ce que je pouvais en attendre, c'étaient des mois de convalescence douloureuse, confiné dans ma chambre. Mon père était mort : ma mère et moi vivions seuls dans un petit appartement. Économiquement faibles, nous étions à la charge de l'État. Il était impossible à ma mère de me rendre visite ce jour-là.

« Au fil des heures, je fus submergé par des sentiments de peur, de désespoir et de solitude. Je savais que ma mère était seule à la maison, se faisant beaucoup de souci pour moi. Elle n'avait personne à qui parler, personne avec qui partager son repas. D'ailleurs elle n'avait même pas assez d'argent pour s'offrir un repas de Thanksgiving.

« Les larmes me montaient aux yeux, et j'enfouis ma tête sous l'oreiller. Puis je me mis à pleurer en silence, mais si amèrement et si abondamment que tout mon corps souffrait.

« Une jeune infirmière m'entendit sangloter et s'approcha de moi. Elle me découvrit le visage et essuya mes larmes. Elle m'avoua qu'elle aussi était seule, qu'elle était de service toute la journée et qu'elle ne pourrait fêter Thanksgiving avec les siens. Elle me proposa alors de dîner avec elle et apporta deux plateaux chargés de mets succulents : de la dinde aux marrons, de la purée de pommes de terre et une crème glacée. Par des paroles réconfortantes, elle essaya d'apaiser mes craintes. Son service se terminait à seize heures mais elle tint à rester avec moi jusqu'à vingt-deux heures. Je m'endormis alors après avoir parlé et joué avec elle.

« Il ne se passe pas un seul Thanksgiving sans que je me souvienne de celui-là, de mes sentiments de frustration, de peur et de solitude qui s'évanouirent devant la chaleur et la tendresse de cette inconnue. »

Si vous voulez être aimé, obtenir l'amitié des gens, aider les autres en vous aidant vous-même, voici le premier principe à appliquer :

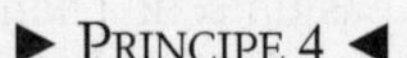

Intéressez-vous réellement aux autres.

CHAPITRE 5

Un moyen facile de faire une bonne première impression

Charles Schwab m'a dit que son sourire lui avait rapporté plus d'un million de dollars. Son succès, en effet, fut presque entièrement dû à sa personnalité, à son pouvoir de se faire aimer, à son charme, dont l'un des éléments les plus précieux était ce sourire captivant.

Les actes en disent plus que les paroles. Le sourire dit : « Vous me plaisez… Je suis content de vous voir… Votre présence me rend heureux… »

Bien entendu, je veux parler du sourire sincère, large et spontané qui séduit et réconforte, et non du sourire apprêté ou mécanique, car ce dernier ne trompe personne et, au lieu de plaire, il irrite. Le chef du personnel d'un grand magasin à New York me disait qu'il préférait engager une vendeuse à l'instruction élémentaire, mais au sourire délicieux, plutôt qu'une diplômée au visage froid.

Pourquoi les chiens sont-ils souvent si sympathiques ? Parce que les folles démonstrations de joie qu'ils font en nous voyant nous flattent et nous émeuvent. Le sourire d'un enfant a le même effet.

Il vous est certainement arrivé de vous trouver dans la salle d'attente d'un médecin et de regarder autour de vous les visages fermés des patients. Le docteur Steven K. Sproul, vétérinaire à Raymond, Missouri, nous a raconté que, par une belle journée de printemps, son salon d'attente était plein de clients qui venaient faire vacciner leur animal. Personne ne parlait et chacun pensait probablement à tout ce qu'il aurait préféré faire au lieu de perdre son temps dans cette salle d'attente. « Il ne restait plus que six ou sept clients quand une jeune femme entra avec un bébé de neuf mois et un chaton dans les bras. La chance voulut qu'elle vienne s'asseoir près d'un homme que la longueur de l'attente avait exaspéré. L'enfant leva son regard vers lui avec ce grand et large sourire qu'ont les bébés. Quelle fut sa réaction ? Celle que vous ou moi aurions eue en pareil cas. Il lui rendit son sourire et se mit à bavarder avec la mère. Il lui parla de son enfant et de ses propres petits-enfants. Les autres patients ne tardèrent pas à se joindre à la conversation et, en un rien de temps, la tension et l'ennui qui régnaient dans la pièce firent place à la gaieté et à la détente.

Voici l'opinion du professeur James U. McConnell, psychologue à l'université du Michigan. « Ceux qui sourient, dit-il, ont tendance à diriger, à enseigner ou à vendre avec plus d'efficacité, et leurs enfants sont en général plus heureux. Un sourire a plus d'effet qu'un froncement de sourcils. C'est pourquoi les encouragements ont plus d'impact que le blâme. »

Aux États-Unis, les compagnies de téléphone utilisent un programme de formation pour vendre leurs produits ou services. Dans le programme, il est recommandé de sourire au téléphone car le sourire transparaît dans la voix.

Robert Cryer, chef du service informatique d'une compagnie de Cincinnati, nous raconte comment il a réussi à trouver le parfait candidat à un poste difficile à pourvoir.

« J'avais besoin pour mon service d'un spécialiste en informatique et je désespérais de pouvoir en recruter un. Je finis par découvrir un jeune homme possédant tous les diplômes nécessaires pour le poste. Après plusieurs entretiens téléphoniques, j'appris qu'il avait reçu des propositions de compagnies plus importantes et plus réputées que la mienne. Aussi je fus soulagé et ravi lorsqu'il accepta mon offre. Quelque temps plus tard, je lui demandai pourquoi il nous avait choisis. Après avoir réfléchi, voici ce qu'il me répondit : “Au téléphone, la voix des directeurs des autres compagnies était froide, impersonnelle. J'avais l'impression de n'être pour eux qu'une proposition parmi d'autres. Votre voix, en revanche, me donnait le sentiment que vous me portiez un intérêt sincère… que vous vouliez vraiment que je fasse partie de votre entreprise.” Vous pouvez être certain que je continue de répondre au téléphone avec le sourire. »

Le directeur d'une des plus grandes sociétés caoutchoutières d'Amérique assure qu'un homme ne peut réussir dans une tâche s'il ne trouve du plaisir à l'accomplir. Il ne partage pas l'opinion trop répandue que, seul, un labeur acharné peut conduire au succès. Il faut, dit-il, que nous travaillions dans la joie ; si nous devons nous forcer, si notre métier nous ennuie, nous allons à l'échec.

De même, **il faut que nous nous plaisions dans la compagnie de nos semblables, si nous voulons qu'ils se plaisent dans la nôtre.**

Voici le conseil que j'ai donné à des milliers d'auditeurs : « Pendant une semaine, à chaque heure du jour, souriez à quelqu'un, dans votre entourage, dans vos affaires, sur votre route… puis venez me dire les résultats de votre nouvelle attitude. »

Que furent ces résultats ? Voici une lettre de M. William B. Steinhardt, agent de change à la Bourse de New York. Son cas n'est pas isolé ; au contraire, il est à citer parmi des centaines d'autres.

« Je suis marié depuis dix-huit ans, écrit M. Steinhardt, et, durant tout ce temps, je n'ai pas beaucoup souri depuis mon réveil jusqu'à mon départ pour le travail.

« Sur votre conseil, je décidai de tenter pendant une semaine "l'expérience du sourire". Le lendemain matin, donc, en faisant ma toilette, je contemplai ma triste figure dans le miroir, et je me fis le petit discours suivant : "Mon vieux Bill, à partir d'aujourd'hui, fini cette sale bouille… Tout ça va changer. Dès cette minute, tu vas être aimable, tu vas *sourire* !”

« En m’asseyant à table pour le petit déjeuner, je saluai ma femme d’un aimable : “Bonjour, ma chérie !” accompagné d’un large sourire.

« Vous m’aviez prévenu qu’elle serait peut-être surprise. Vous aviez sous-estimé l’intensité de sa réaction. Elle fut stupéfaite ! Ébahie ! Je lui annonçai qu’à partir de maintenant elle me verrait ainsi tous les jours. Et, depuis deux mois, je tiens ma promesse et la salue chaque matin le plus aimablement du monde.

« Ce changement d’attitude nous a apporté plus de bonheur en deux mois que notre vie en commun ne nous en avait donné pendant une année entière.

« Maintenant, en quittant mon appartement, j’aborde les voisins avec un bonjour ou un sourire. J’interpelle cordialement le gardien. Quand j’arrive à la Bourse, je souris à des gens qui ne m’avaient jamais vu sourire auparavant.

« Je partage mon bureau avec un autre agent de change dont l’un des collaborateurs est un garçon fort sympathique. J’étais si enchanté des résultats de ma nouvelle philosophie que j’en fis part à ce collègue. Il me confessa alors qu’au début il m’avait trouvé fort désagréable, et qu’il n’avait modifié que depuis peu son opinion à mon égard. Il me dit : “Quand vous souriez, vous vous humanisez.”

« Je ne critique plus personne ; au lieu de blâmer, j’encourage. Je n’entretiens plus les autres de mes préoccupations ; j'essaie plutôt de comprendre les leurs. Cette nouvelle attitude a complètement transformé ma vie. Tout en m'apportant des avantages matériels, elle a fait de moi un autre homme, heureux, entouré de sympathies. Existe-t-il meilleure récompense ? »

Vous n'avez pas envie de sourire. Eh bien ! forcez-vous ! Si vous êtes seul, sifflez, fredonnez, chantez. Agissez comme si vous étiez déjà vraiment heureux, et cela tendra à vous *rendre* heureux. Voici comment William James, professeur à Harvard, explique ce processus :

« L'action semble succéder à la pensée, mais, en réalité, l'action et la pensée se produisent simultanément. En menant une action qui est sous le contrôle de la volonté, nous pouvons indirectement gouverner les sentiments qui échappent à son influence.

« Ainsi donc, si nous avons perdu la joie, le meilleur moyen de la retrouver, c'est de nous comporter comme si elle était déjà en nous… »

Il est certain que le plus sûr moyen de connaître le bonheur serait de contrôler nos pensées. La félicité ne dépend pas des conditions extérieures, elle est régie par notre attitude mentale.

Oui, notre satisfaction ne vient pas de ce que nous possédons, de ce que nous faisons, ni du lieu où nous nous trouvons ; elle vient de ce que nous pensons. Prenons deux personnes vivant dans le même endroit, exerçant la même profession, possédant la même fortune et occupant le même rang social : l'une est heureuse, l'autre misérable. Pourquoi ? Parce qu'elles ont des mentalités différentes. J'ai vu autant de visages radieux parmi les pauvres paysans que dans les bureaux luxueux.

« Rien n'est mauvais, rien n'est bon, disait Shakespeare. C'est notre pensée qui crée le bonheur ou le malheur. »

Abraham Lincoln observait que la plupart des gens ne sont heureux qu'autant qu'ils sont résolus à l'être. Il avait raison. J'ai pu constater récemment un exemple qui illustre d'une manière frappante cette réflexion. Je montais les escaliers de la gare de Long Island, à New York. Devant moi, une trentaine de garçons infirmes peinaient le long des marches, sur des cannes ou des béquilles. L'un d'eux était transporté à dos d'homme. Je fus surpris d'entendre les éclats de leur gaieté. J'en fis la remarque à l'une des personnes chargées de la surveillance du groupe : « Oh ! me dit-elle, quand un de ces jeunes comprend qu'il va demeurer infirme pour la vie, il est tout d'abord atterré, puis il se remet du choc, s'accoutume à son état et vit ensuite aussi heureux qu'un jeune homme valide. »

Je fus tenté de les saluer bien bas. Ils m'avaient donné une leçon que j'espère ne jamais oublier.

Voici maintenant quelques conseils prodigués par le professeur Elbert Hubbard. Mais rappelez-vous bien ceci : pour en éprouver les bienfaits, il ne suffit pas de les parcourir, il faut les suivre.

« En sortant de chez vous, rentrez le menton, portez haut la tête ; emplissez vos poumons de tout l'air qu'ils peuvent contenir ; aspirez les rayons du soleil ; offrez à tous votre sourire et mettez votre cœur dans chaque poignée de main. Ne perdez pas une minute à songer à vos ennemis. Efforcez-vous de déterminer clairement dans votre pensée le but que vous voulez atteindre, puis, sans vous laisser détourner, marchez droit vers cet idéal. Une fois que vous aurez fixé solidement en votre esprit les grandes et les belles choses que vous voulez accomplir, vous verrez que vous saisirez inconsciemment, au fil des jours, toutes les occasions favorables à la réalisation de votre projet, comme les coraux prennent dans le flot marin les éléments nécessaires à leur vie. Il vous suffira de créer en vous-même l'image de l'être que vous voulez devenir pour que, graduellement, s'opère en vous la transformation souhaitée… La pensée est suprême. Gardez une bonne attitude mentale, une attitude de courage, de loyauté et de gaieté. Les bonnes pensées sont constructives. Le désir fait venir toutes choses. Nous devenons pareils à l'idéal que nous portons en notre cœur… Levez la tête. Un dieu est enfermé dans la chrysalide humaine. »

Les Chinois sont pleins de sagesse. Un de leurs proverbes mérite d'être retenu : « L'homme qui ne sait pas sourire ne doit pas ouvrir une échoppe. »

Votre sourire est le messager de votre bonne volonté. Il réchauffe le cœur de qui le reçoit. Pour celui qui, toute la journée, n'a côtoyé que des gens au visage fermé et renfrogné, un sourire est un rayon de soleil. Quand nous nous sentons tendus en raison du comportement d'un supérieur, d'un client, d'un professeur, d'un parent ou d'un enfant, un sourire peut aider à nous rappeler que le bonheur est néanmoins présent.

Un sourire ne coûte rien mais il crée beaucoup.

Il enrichit celui qui le reçoit sans appauvrir celui qui le donne.

Il ne dure qu'un instant mais son souvenir peut durer toute une vie.

Personne n'est riche au point de pouvoir s'en passer.

Il crée du bonheur à la maison, de bonnes relations dans les affaires. Il est le signe de l'amitié.

Il ne peut être acheté, mendié, emprunté ni volé. Il n'est d'aucune utilité tant qu'il n'a pas été donné.

Lorsque vous rencontrez un homme trop las pour vous donner un sourire, laissez-lui le vôtre.

Car nul n'a plus besoin d'un sourire que celui qui n'en a plus à offrir.

► PRINCIPE 5 ◄

Ayez le sourire.

CHAPITRE 6

Si vous n'observez pas ce principe… tant pis pour vous

En 1898, un événement tragique se produisit dans le Rockland County, État de New York. Un enfant venait de mourir, et les voisins de sa famille se préparaient à suivre son enterrement. L'un d'eux, Jim Farley, alla chercher son cheval à l'écurie pour l'atteler. Il faisait un froid piquant, le sol était couvert de neige, l'animal n'était pas sorti depuis plusieurs jours. Pendant que son maître le conduisait à l'abreuvoir, il caracola, rua en l'air et frappa Jim Farley, qu'il tua. C'est ainsi que le petit village de Stony Point vit, cette semaine-là, deux cortèges funèbres au lieu d'un.

Jim Farley laissait derrière lui une veuve et trois enfants, dont les ressources se trouvaient réduites à quelques centaines de dollars fournies par l'assurance vie du chef de famille.

L'aîné des garçons, Jim, avait dix ans. Il se mit au travail dans un chantier, poussant les brouettes de sable, versant celui-ci dans les moules, faisant sécher les briques au soleil. Il n'eut guère le temps de s'instruire, mais le génie des fils d'Irlande était en lui ; il possédait l'art inné de se faire aimer. Il choisit la carrière politique... Avec le temps, il développa incroyablement sa mémoire des noms et des physionomies.

Il n'avait jamais fréquenté l'université. Mais, avant l'âge de quarante-six ans, il possédait les diplômes d'honneur de quatre collèges, le titre de président du Comité national démocratique, et il était devenu directeur national du service des Postes des États-Unis.

Je profitai d'une entrevue avec Jim Farley pour l'interroger sur le secret de sa réussite. « Le travail », me répondit-il. « Parlons sérieusement », ripostai-je.

« Eh bien ! quel est, à votre avis, ce secret ? » me demanda-t-il à son tour. Je lui dis : « On prétend que vous êtes capable d'appeler dix mille personnes par leur prénom.

— Pardon ! fit-il, vous faites erreur. Je peux appeler cinquante mille personnes par leur prénom. »

Cette mémoire prodigieuse, sachez-le bien, contribua fortement à installer Franklin D. Roosevelt dans le fauteuil présidentiel, car Jim Farley était son agent électoral.

Il avait appris à retenir les noms au temps où il était représentant de commerce, puis secrétaire de mairie.

Au début, sa méthode était très simple. Chaque fois qu'il rencontrait une nouvelle personne, il recherchait ses nom et prénom, avec leur orthographe exacte ; il se renseignait sur sa famille, sa profession et ses opinions politiques. Il gravait soigneusement tous ces détails dans son esprit, et, quand il revoyait cette personne – même une année plus tard –, il était capable de la saluer et de lui demander des nouvelles de sa famille ! Pas étonnant qu'il ait été aussi populaire.

Plusieurs mois avant la campagne électorale du président Roosevelt, Jim Farley écrivit chaque jour des centaines de lettres aux populations du Nord et de l'Ouest. Puis, en dix-neuf jours, il parcourut vingt États et plus de trente mille kilomètres. Il débarquait dans une ville, visitait ses représentants électoraux, leur parlait, leur insufflait de l'enthousiasme puis repartait dans une autre direction.

À peine revenu dans l'Est, il demandait une liste de ceux qui étaient présents le jour de sa visite. Et chacun des électeurs inscrits avait l'agréable surprise de recevoir un message personnel de Jim Farley. Chaque lettre commençait par : « Mon cher Bill » ou « Mon cher Joe » et elle était toujours signée « Jim ».

Jim Farley savait que chacun préfère son nom à tous les autres noms de la terre. Souvenez-vous de ce nom, prononcez-le correctement, et vous faites à son propriétaire un compliment subtil et apprécié. Mais si vous l'oubliez, si vous l'orthographiez mal, vous indisposez votre interlocuteur ou votre destinataire. Je peux même citer le cas d'un directeur de banque qui m'écrivit une lettre désagréable parce qu'il avait vu son nom mal écrit sur l'enveloppe que je lui avais adressée.

Quelle fut la raison du succès d'Andrew Carnegie ?

On l'appelait le roi de l'acier, mais il ne connaissait guère la métallurgie, et ses nombreux techniciens possédaient cette science beaucoup mieux que lui.

Seulement, lui, savait mener les hommes, et c'est ce qui fit sa fortune. Jeune encore, il montra son talent d'organisateur, de psychologue et de leader. Il n'avait que dix ans lorsqu'il découvrit l'importance incroyable que les gens attachent à leur nom. Dans son pays natal, en Écosse, il attrapa un lapin, une femelle, qui bientôt lui donna toute une portée de lapereaux. Hélas ! il n'avait rien pour les nourrir. Il lui vint une idée mirifique. Il proposa à ses petits camarades le marché suivant : s'ils voulaient bien cueillir le trèfle et les pissenlits nécessaires à ses lapins, il donnerait à chaque bête le nom du camarade en question.

Le résultat fut magique ! Et Carnegie ne l'oublia jamais.

Bien des années plus tard, il usa de la même constatation dans ses affaires. Il voulut obtenir comme client la compagnie des chemins de fer de Pennsylvanie, dont le président se nommait Edgar Thomson. Il fit construire à Pittsburgh une vaste usine de métallurgie à laquelle il donna l'enseigne suivante : « Ateliers métallurgiques J. Edgar Thomson ».

Et maintenant, voici une devinette. Quand la Pennsylvania Railroad avait besoin de rails, à qui son Président s'adressait-il ?…

Lorsque George Pullman et Carnegie se disputèrent le monopole des wagons-lits, le roi de l'acier se souvint encore de la leçon des lapins.

Les deux adversaires luttaient pour un contrat avec l'Union Pacific Railroad ; ils se critiquaient mutuellement, rabaissaient leurs prix et ne parvenaient qu'à détruire toutes leurs chances de bénéfices. Sur ces entrefaites, ils se rencontrèrent à New York, un soir, dans le hall d'un hôtel. Carnegie salua Pullman : « Bonsoir, monsieur Pullman… Ne croyez-vous pas que nous faisons tous les deux fausse route ?

— Que voulez-vous dire ? » répondit l'autre.

Carnegie lui proposa alors le projet qu'il avait depuis longtemps en tête : la fusion de leurs deux compagnies. Il dépeignit en termes tentateurs les avantages communs d'une telle association. Pullman écoutait, mais il n'était pas convaincu. Il demanda : « Et comment la nommerait-on, cette nouvelle société ?

— Mais, la Pullman Palace Car Company, naturellement », répondit Carnegie.

L'effet fut immédiat. Le visage de Pullman s'éclaira : « Venez donc à mon bureau, dit-il, nous allons discuter… »

De cette conversation sortit un contrat qui changea la face de l'industrie ferroviaire en Amérique.

Cette faculté de se remémorer les noms de ses amis et collaborateurs et de les honorer fut un des secrets de la popularité de Carnegie. Il se flattait de connaître par cœur le prénom d'un grand nombre de ses ouvriers, et affirmait avec fierté que tant qu'il avait dirigé personnellement son entreprise, nulle grève n'était venue troubler ses usines.

Les hommes sont si fiers de leur nom qu'ils s'efforcent de le perpétuer à tout prix.

Pendant des siècles, les nobles et les dignitaires financèrent des artistes, des musiciens et des écrivains pour que leurs œuvres leur soient dédiées.

Les bibliothèques et les musées doivent leurs plus riches collections à des gens qui ne pouvaient supporter la pensée que leur nom pourrait un jour disparaître à jamais. La bibliothèque de New York comporte des œuvres offertes par les Astor et les Lenox. Le Metropolitan Museum of Arts perpétue les noms de Benjamin Altman et de J. P. Morgan. Et il n'est guère d'église qui ne soit ornée de vitraux commémorant le souvenir de leurs donateurs. Un grand nombre de bâtiments universitaires portent le nom de ceux qui ont dépensé des sommes considérables pour mériter cet honneur.

En général, si nous oublions les noms, c'est tout simplement parce que nous ne prenons ni le temps ni la peine de les noter, les répéter et les fixer durablement dans notre esprit. Pour justifier notre négligence, nous disons que cela prend trop de temps et que nous sommes trop occupés.

Il n'existait probablement pas d'homme plus occupé que Franklin D. Roosevelt. Pourtant, il trouvait le moyen de se rappeler jusqu'aux noms des mécaniciens qu'il rencontrait.

En voici une preuve. La société Chrysler construisit pour le Président une automobile spéciale, livrée à la Maison-Blanche par M. W. F. Chamberlain, accompagné d'un mécanicien. J'ai sous les yeux une lettre relatant l'événement ; M. Chamberlain y déclare : « Je montrai à M. Roosevelt comment on manie une voiture compliquée, mais il me montra, lui, comment on manie les hommes ! »

Voici le récit de M. Chamberlain :

« Quand je me présentai à la Maison-Blanche, le Président me reçut très aimablement. Il me salua par mon nom, me mit à l'aise, et me fit sentir qu'il *s'intéressait suprêmement* à ce que j'étais venu lui dire et lui montrer. La voiture était conçue pour se commander entièrement à la main. Un groupe de spectateurs s'approcha pour l'examiner. M. Roosevelt dit alors : "Je trouve cela merveilleux ; on n'a qu'à toucher un bouton et la voiture se met en marche, on la conduit sans effort. C'est splendide… Je ne sais pas comment elle fonctionne : je voudrais avoir le temps de la démonter pour l'étudier."

« Ses amis et collaborateurs admirèrent la machine, et, devant eux, il me dit : "J'apprécie beaucoup les efforts que vous avez faits pour mettre au point ce mécanisme. C'est du beau travail." Il admira le radiateur, le rétroviseur, la pendule, le capitonnage, la position du siège du conducteur, les valises dans la malle arrière, portant chacune son monogramme... En d'autres termes, il nota tous les détails que j'avais étudiés avec un soin particulier. Il ne manqua pas de les faire remarquer à Mme Roosevelt, à son ministre du Travail, et à sa secrétaire. Il ajouta même, en s'adressant au porteur : "George, vous prendrez bien soin des valises."

« Quand la leçon de conduite fut terminée, le Président se tourna vers moi et me dit : "Eh bien ! monsieur Chamberlain, voilà trente minutes que je fais attendre le Conseil de la Banque fédérale. Il faut que je retourne au travail..."

« J'avais amené avec moi un mécanicien que j'avais présenté à M. Roosevelt. Il n'avait pas ouvert la bouche et son nom n'avait été prononcé qu'une fois. C'était un garçon timide, qui se tenait à l'écart. Cependant, avant de partir, le Président le chercha des yeux, lui serra la main, l'appela par son nom et le remercia d'être venu à Washington. Ses paroles ne furent pas débitées mécaniquement, mais dites, au contraire, avec une cordialité sincère.

« Quelques jours après mon retour à New York, je reçus une photographie signée du Président, avec une petite note où il me réitérait ses remerciements. Où trouvait-il le temps de faire tout cela, c'est pour moi un mystère. »

Franklin D. Roosevelt savait que l'un des moyens les plus évidents, les plus faciles et les plus efficaces de plaire aux gens, c'est de retenir leur nom et de leur faire sentir leur importance. Or, que font la plupart d'entre nous ?

Présentés à un étranger, ils bavardent quelques instants avec lui, puis, le moment venu de le quitter, ils sont incapables de le saluer par son nom.

L'une des premières leçons à tirer en politique est celle-ci : savoir le nom de ses électeurs, c'est s'assurer la popularité et le pouvoir. L'ignorer, c'est tomber dans l'oubli.

Cette mémoire particulière est aussi importante dans les rapports commerciaux ou sociaux qu'en politique.

Napoléon III prétendait que, malgré toutes ses obligations, il pouvait se souvenir du nom de chaque personne qu'il rencontrait. Sa méthode était simple. Quand il n'entendait pas le nom distinctement, il disait : « Pardon, je n'ai pas très bien saisi. » S'il lui semblait difficile, il en demandait l'orthographe. Pendant sa conversation avec l'intéressé, il avait soin de prononcer son nom deux ou trois fois, tout en s'appliquant à l'associer mentalement à sa physionomie, à son aspect général. S'il s'agissait d'un grand personnage, l'empereur, une fois seul, écrivait son nom sur une feuille de papier, le regardait, y concentrait son attention et ne jetait la feuille qu'après avoir gravé le nom dans son esprit. Ainsi, il frappait sa mémoire visuelle en même temps que sa mémoire auditive.

Tout cela prend du temps. Mais, a dit Emerson, « la courtoisie est faite de petits sacrifices ».

Nous devrions nous rendre compte du formidable pouvoir d'un nom. En fait, le nom est l'identité de la personne. C'est ce qui la distingue des autres, lui donne son caractère unique. Les renseignements que nous communiquons ou les requêtes que nous formulons revêtent une importance particulière lorsque nous saluons par son nom celui à qui nous nous adressons.

► PRINCIPE 6 ◄

Rappelez-vous que le nom d'une personne revêt pour elle une grande importance.

CHAPITRE 7

Voulez-vous que votre conversation soit appréciée ? c'est très facile

J'ai été récemment invité à une soirée de bridge. Personnellement, je ne joue pas au bridge, et comme ma voisine ignorait également ce jeu, nous avons bavardé tous les deux.

Elle savait que mes travaux m'avaient valu un séjour de cinq ans en Europe, et elle me dit : « Oh ! monsieur Carnegie, je veux que vous me parliez de tous ces beaux endroits que vous avez visités. »

Pendant que nous prenions place sur un canapé, elle m'apprit qu'elle rentrait d'Afrique, en compagnie de son mari. J'observai : « Très intéressant, l'Afrique. J'ai toujours voulu y aller, mais je n'ai jamais pu dépasser Alger, où j'ai séjourné en tout vingt-quatre heures… Dites-moi, avez-vous chassé le gros gibier ? Oui ? Que vous avez de la chance et que je vous envie ! Racontez-moi cela. »

Elle discourut pendant quarante-cinq minutes. Il ne fut plus du tout question de mes voyages. Tout ce qu'elle voulait, c'était un auditeur attentif, pour avoir le plaisir de parler d'elle et de ses souvenirs.

Exceptionnelle, cette femme ? Oh ! non. Ceux qui lui ressemblent sont innombrables. Tous les hommes aiment à discourir quand on les écoute avec intérêt.

Au cours d'un dîner récemment offert par un éditeur new-yorkais, j'ai rencontré un botaniste distingué. C'était la première fois que je bavardais avec un botaniste et je trouvai celui-ci passionnant. Je me suis tenu littéralement sur le bord de mon fauteuil pendant qu'il discourait sur les plantes grasses, le hachisch, le climat des serres et qu'il me révélait des détails étonnants sur l'humble pomme de terre… J'ai moi-même un petit jardin d'appartement et il me donna de précieux conseils pour l'entretenir.

Il y avait là une bonne douzaine d'autres invités, mais j'ignorai tout le monde ; je violai toutes les règles du savoir-vivre pour écouter, plusieurs heures durant, mon botaniste.

Minuit vint. Je pris congé de tous et me retirai. Alors (je le sus par la suite), le savant se tourna vers notre hôte et fit mon éloge : ma compagnie était fort « stimulante », j'étais ceci et j'étais cela ; il termina en déclarant que j'étais un brillant causeur.

Un brillant causeur ! Moi ? Mais je n'avais rien dit. Je n'aurais d'ailleurs pu parler, car la botanique m'est une science aussi inconnue que l'anatomie des pingouins. Seulement, j'avais écouté passionnément. J'étais très intéressé ; il l'avait senti, et naturellement cela lui avait plu. Écouter un homme de cette manière, c'est lui faire le plus flatteur des compliments. Un écrivain disait : « Peu d'humains savent se défendre contre l'hommage d'une attention passionnée à leurs paroles. » Quant à moi, j'avais donné plus qu'une attention passionnée : j'avais prodigué à mon interlocuteur ma sympathie et mon admiration sincères.

Je lui avais dit qu'il m'avait infiniment instruit et captivé – et c'était vrai. Je lui avais dit que j'aimerais posséder ses connaissances – et c'était vrai. Je lui avais déclaré que j'aurais été enchanté de vagabonder avec lui dans la campagne – et c'était vrai. Je lui avais exprimé mon désir de le revoir – et je veux le revoir.

Voilà pourquoi cet homme m'avait qualifié de brillant causeur, alors qu'en réalité je n'avais été qu'un excellent auditeur, et que je l'avais encouragé à parler.

Comment réussir auprès de vos interlocuteurs ? Comment les convaincre ? Comment mener à bien vos entretiens avec eux ? D'après le génial professeur Charles W. Eliot, il n'y a aucun mystère : pour conquérir la sympathie d'une personne, pour la mettre en humeur favorable et finalement la rallier à votre cause, il faut, avant tout, lui accorder votre attention exclusive lorsqu'elle s'exprime. Rien n'est plus flatteur.

Eliot lui-même était passé maître dans l'art d'écouter. Henry James, l'un des plus grands romanciers américains, s'en souvient : « Écouter, pour le docteur

Eliot, n'était pas simplement observer le silence. C'était une forme d'activité. Assis très droit, parfaitement immobile, les mains croisées sur les genoux, il faisait face à son interlocuteur et semblait écouter avec ses yeux autant qu'avec ses oreilles. Il vous écoutait intensément et réfléchissait à ce que vous aviez à dire au moment où vous l'énonciez… À la fin d'une entrevue, la personne qui lui avait parlé avait le sentiment qu'il avait tout compris. »

C'est évident, n'est-ce pas ? Pas besoin d'avoir passé quatre ans à Harvard pour découvrir cette vérité. Et pourtant je connais, et vous connaissez, des entreprises qui louent des locaux magnifiques et ruineux, qui achètent leurs marchandises avantageusement, dépensent des sommes considérables en publicité et qui, pour finir, engagent des employés qui ne savent pas écouter, interrompent les clients, les contredisent, les irritent, et font tout apparemment pour les mécontenter ! C'est ainsi qu'un grand magasin de Chicago a failli perdre une fidèle cliente parce qu'une vendeuse refusait de l'écouter. Mme Henrietta Douglas, participante à notre Entraînement à Chicago, venait d'acheter un manteau en solde. De retour chez elle, elle remarque un accroc dans la doublure. Le lendemain, elle retourne dans le grand magasin et demande à la vendeuse de lui échanger le manteau. Celle-ci refuse catégoriquement de l'écouter. « Vous avez acheté ce manteau en solde », dit-elle et, pointant son doigt vers un panneau sur le mur, elle ajoute : « Vous n'avez qu'à lire ! Les articles soldés ne sont ni repris ni échangés. Vous l'avez acheté, vous le gardez. Vous n'avez qu'à recoudre la doublure vous-même. »

Indignée, Mme Douglas jure de ne plus remettre les pieds dans ce magasin et s'apprête à sortir quand le chef de rayon, qui la connaît, s'approche d'elle et la salue. Mme Douglas le met alors au courant de l'incident.

Le chef de rayon écoute attentivement toute l'histoire, examine le manteau et déclare : « Les articles soldés ne sont ni repris ni échangés pour que nous puissions écouler les marchandises en fin de saison. Mais cette mesure ne s'applique pas aux articles abîmés. Nous allons, bien sûr, réparer ou remplacer la doublure, ou, si vous préférez, nous allons vous rembourser. »

Quelle différence ! Si ce chef de rayon ne s'était pas trouvé là par hasard et s'il n'avait pas écouté cette dame, le magasin aurait pu perdre définitivement cette cliente.

L'écoute a autant d'importance dans la vie familiale que dans la vie professionnelle. Millie Esposito, de Croton-on-Hudson dans l'État de New York, s'était fait un devoir d'écouter attentivement quand l'un de ses enfants désirait lui parler. Un soir, elle était assise dans la cuisine avec son fils Robert. Après une brève discussion sur un sujet qui le préoccupait, ce dernier lui dit : « Maman, je sais que tu m'aimes beaucoup. » Très touchée, Mme Esposito lui répondit : « Bien sûr que je t'aime beaucoup. En doutais-tu ? — Non, répliqua Robert, mais je sais vraiment que tu m'aimes parce que chaque fois que j'ai envie de te parler, tu interromps ce que tu es en train de faire, et tu m'écoutes. »

Imaginez un ronchonneur chronique, ou encore un homme sous le coup de la fureur ; il suffit très souvent pour les calmer d'un auditeur patient et compréhensif, qui sache demeurer coi et silencieux, pendant que le mécontent s'enfle comme un cobra et crache le fiel qui l'étouffe.

Il y a quelques années, la compagnie des téléphones de New York eut affaire à un client particulièrement irascible.

Il tempêtait, fumait, menaçait. Il refusait de payer certaines charges qui, disait-il, étaient erronées. Il écrivit des réclamations aux journaux. Il déposa d'innombrables plaintes à la Commission des Services publics et entama plusieurs procès contre la compagnie des téléphones.

Lasse de tout ce bruit, cette dernière décida de déléguer le plus habile de ses commerciaux auprès de cet oiseau de mauvais augure. L'envoyé écouta l'acariâtre bonhomme, le laissa à plaisir déverser sa bile et se contenta d'approuver et de dire *amen*.

Voici ce que rapporta cet émissaire : « Durant trois heures il m'a abreuvé de ses plaintes, tandis que je l'écoutais, aimable, muet et approbateur, puis il me laissa partir. Je revins le voir, et il reprit avec feu le fil de ses orageux discours. Quatre fois je me présentai chez lui. Avant la fin de la quatrième visite, j'étais devenu membre honoraire d'un groupe qu'il venait de fonder : “La Société de Protection des Abonnés au Téléphone”. Je fais toujours partie de cette organisation et, autant que je sache, j'en suis le seul membre, à part M. X. Je l'écoutai attentivement et l'approuvai sur tous les points soulevés pendant nos entrevues. Jamais encore il n'avait été traité de cette manière par la compagnie des téléphones, et il s'humanisa. La question qui avait motivé ma démarche ne fut mentionnée qu'à la fin. Mais, à ce moment, le litige fut définitivement réglé : je reçus paiement de toutes les notes en souffrance et, pour la première fois dans les annales de ses démêlés avec la compagnie, cet homme retira ses plaintes de la Commission des Services publics. »

Il est probable que M. X. se considérait comme un courageux pionnier, un défenseur du droit public. Mais, en réalité, ce qu'il voulait surtout, c'était *affirmer son importance*. Il y parvint tout d'abord en protestant et réclamant. Puis, dès que cette importance fut reconnue par un représentant des Téléphones, ses griefs imaginaires s'évanouirent.

Il y a bien des années, un client furieux pénétra un matin dans le bureau de Julian F. Detmer, fondateur des Filatures Detmer, la plus importante filature au monde.

« Cet homme, raconta M. Detmer, nous devait un montant peu élevé. Il niait cette dette, mais nous savions qu'il se trompait. Aussi lui avions-nous adressé plusieurs fois notre facture. Après avoir reçu un certain nombre de réclamations de notre service comptabilité, le client prit le train pour Chicago et se présenta dans mon bureau : il m'annonça que, non seulement il ne paierait jamais la somme réclamée, mais qu'en outre il ne nous achèterait plus un dollar de marchandises.

« J'écoutai patiemment tout ce qu'il dit. Tenté de l'interrompre, je me retins, sachant que ce serait là une mauvaise tactique. Je le laissai vider tout son sac. Quand il fut calmé et que son humeur fut devenue plus propice, je lui dis doucement : "Je vous remercie d'être venu jusqu'à Chicago pour m'exposer tout cela. Vous me rendez un grand service, car, si nos services de comptabilité vous ont irrité, ils sont capables d'importuner aussi d'autres bons clients, et cela nous voulons, bien entendu, l'éviter. Croyez-moi, je suis encore plus désireux d'entendre vos griefs que vous de les exprimer."

« C'était bien la dernière réponse qu'il attendait de moi. Je crois qu'il fut légèrement désappointé, car il avait fait le voyage tout exprès pour me "passer un bon savon". Et voilà qu'au lieu de me bagarrer avec lui, je lui offrais mes remerciements ! Je lui promis d'annuler sa dette, car "un homme méthodique comme lui et qui n'avait qu'un compte à surveiller, avait certainement moins de chances de faire une erreur que nos comptables qui avaient des milliers de clients à suivre".

« Je lui dis que je comprenais très bien ses sentiments et que, si j'étais à sa place, j'agirais probablement comme lui. D'autre part, comme il ne devait plus se servir chez nous, je lui recommandais quelques autres fournisseurs de lainages.

« Autrefois, quand il venait à Chicago, nous déjeunions habituellement ensemble. Cette fois-ci, je l'invitai aussi. Il accepta à regret… Mais, en revenant avec moi au bureau, il me passa la plus grosse commande qu'il nous eût jamais confiée. Il rentra chez lui dans une bien meilleure disposition, puis, désireux de se montrer équitable, il fouilla dans ses dossiers, retrouva la facture égarée et nous adressa son chèque avec ses excuses.

« Plus tard, quand son fils naquit, il lui donna comme deuxième prénom celui de "Detmer", et il resta l'ami et le client de la maison jusqu'à sa mort, vingt-deux ans plus tard. »

Il y a bien longtemps, un pauvre immigrant hollandais occupait ses loisirs, après les heures d'école, à laver les vitres d'une boulangerie. Ses parents étaient si pauvres qu'ils l'envoyaient chaque jour, un panier au bras, ramasser les morceaux de charbon qui tombaient dans le ruisseau, au passage des camions. Il s'appelait Edward Bok. Son instruction fut tout à fait rudimentaire, mais il devint plus tard un grand éditeur de magazines. Comment fit-il ?… Ce serait une bien longue histoire à raconter. Du moins puis-je vous dire l'origine de son succès. Comme vous allez le voir, il appliqua les principes recommandés dans ce livre.

Il quitta l'école à l'âge de treize ans et prit un emploi de groom à la Western Union, une compagnie de câbles. Mais il n'avait pas abandonné le projet de s'instruire. Il se mit à étudier tout seul. Il économisa ses frais de transport et se priva de déjeuner, jusqu'à ce qu'il ait amassé suffisamment d'argent pour acheter une encyclopédie des grands hommes. Il fit alors quelque chose de tout à fait original. Après avoir lu leur biographie, il écrivit à un grand nombre d'entre eux, pour leur demander des détails inédits sur leur enfance. Il rendit visite à certains de ces personnages et, comme il savait écouter, il les encouragea à parler d'eux-mêmes. Il demanda par lettre au général James A. Garfield, alors candidat à la présidence, s'il était vrai qu'étant enfant il halait les péniches le long d'un canal. Et Garfield lui répondit… Il pria de la même manière le général Grant de lui donner des détails sur une de ses batailles. Alors, Grant dessina pour lui une carte et l'invita à dîner et à passer la soirée avec lui. Bok n'avait alors que quatorze ans et demi !

Il écrivit également à Emerson en le priant de le renseigner sur sa vie et son œuvre. Bientôt le petit employé de la Western Union se trouva en rapport avec un grand nombre des plus célèbres personnages d'Amérique. Non seulement il correspondit avec eux, mais encore, au moment des vacances, il fut leur hôte bienvenu.

Ces expériences successives lui donnèrent une assurance précieuse, ainsi qu'une ambition, une vision de l'avenir qui transformèrent sa vie. Et tout cela, je le répète, fut strictement dû à l'application des principes exposés ici.

Parmi les journalistes en renom, Isaac Marcosson fut probablement le champion des interviewers de célébrités. Il affirmait que, la plupart du temps, les gens n'arrivent pas à leurs fins parce qu'ils ne savent pas écouter attentivement : « Ils sont si absorbés par ce qu'ils vont dire tout à l'heure, qu'ils ne peuvent se concentrer sur ce qu'ils entendent… Bien des grands hommes m'ont confié qu'ils préféraient un bon auditeur à un bon causeur. Malheureusement, cette faculté d'écoute semble fort rare. »

Les grands personnages ne sont pas les seuls à vouloir être écoutés : sous ce rapport, le commun des hommes est pareil à eux. Comme un écrivain l'observait un jour : « Bien des gens appellent un médecin, alors qu'ils n'ont besoin que d'un confident. »

Pendant les heures les plus sombres de la guerre de Sécession, Lincoln écrivit à un vieil ami à Springfield, dans l'Illinois, pour le prier de venir le voir à Washington : il désirait s'entretenir avec lui de certains problèmes. L'ami se présenta à la Maison-Blanche et Lincoln lui parla durant plusieurs heures de la proclamation qu'il envisageait de publier pour la libération des esclaves. Il révisa un à un tous les arguments qu'il connaissait pour et contre cette loi ; il relut toutes les lettres et tous les articles traitant de la question, dont certains le dénonçaient parce qu'il n'avait pas encore supprimé l'esclavage et d'autres l'attaquaient de crainte qu'il ne l'abolît. Après avoir longuement discouru, Lincoln serra les mains de son vieux voisin, lui souhaita le bonsoir et le renvoya dans son Illinois sans même lui avoir demandé son opinion. Lincoln avait parlé, il s'était débarrassé de toutes les réflexions qui l'accablaient. Apparemment, cela lui avait clarifié l'esprit. « Il paraissait plus calme quand il eut fini », dit le vieil homme.

Lincoln n'avait pas besoin d'un conseiller, ce qu'il voulait, c'était un auditeur amical, compréhensif, sur lequel il pourrait se décharger de son fardeau. N'est-ce pas là ce que nous cherchons tous, lorsque nous sommes dans la peine ? C'est aussi ce que cherchent fréquemment le client irrité, l'employé mécontent ou l'ami blessé. L'un des hommes qui fut le plus à l'écoute des autres fut sans aucun doute Sigmund Freud. Voici, selon un témoignage, la manière dont le grand psychanalyste écoutait : « Cela m'avait profondément impressionné et je ne l'oublierai jamais. Il avait des qualités que je n'ai rencontrées chez aucun autre homme. Je n'ai jamais vu une telle concentration dans l'attention. Rien à voir avec le regard perçant qui pénètre jusqu'au fond de l'âme. Ses yeux exprimaient la douceur et la cordialité. Sa voix était profonde et agréable. Ses gestes étaient rares. Il m'accordait une attention extraordinaire, attentif à tout ce que je disais, même quand je m'exprimais mal. Vous n'avez aucune idée de ce que cela signifie d'être écouté de cette manière. »

Si vous voulez savoir ce qu'il faut faire pour que les gens vous fuient, se moquent de vous derrière votre dos, ou même vous méprisent, voici la recette : n'écoutez jamais ce que disent les autres ; parlez constamment de vous-même. S'il vous vient une idée pendant que l'autre personne est en train de s'exprimer, n'attendez pas qu'elle ait fini. À quoi bon ? Ce qu'elle raconte n'est pas aussi intéressant, aussi brillant que ce que vous avez à dire. Pourquoi perdre votre temps à écouter ce bavardage ? Allez-y carrément, et coupez-la au milieu d'une phrase.

Connaissez-vous des gens qui agissent ainsi ? Moi, oui, malheureusement... Des êtres assommants, imbus d'eux-mêmes, ivres de leur propre importance ! Le plus étonnant, c'est que certains d'entre eux sont des personnalités connues !

« L'homme qui ne parle que de lui-même ne pense qu'à lui-même. Et l'homme qui ne pense qu'à lui-même est irrémédiablement mal élevé », a dit Nicholas Murray Butler, président de l'université de Columbia. « Il n'a pas d'éducation, quel que soit le degré de son instruction. »

Donc, si vous tenez à ce que votre conversation soit appréciée, sachez écouter. Suivez le conseil d'une femme d'esprit : « Pour être intéressant, soyez intéressé. » Posez des questions qui stimulent agréablement votre interlocuteur. Interrogez-le sur sa vie, sur ce qu'il a fait.

Rappelez-vous que la personne avec qui vous conversez s'intéresse cent fois plus à ses désirs et à ses problèmes qu'à vous et à vos préoccupations. Sa rage de dents la tourmente davantage qu'une famine qui aurait causé la mort d'un million de Chinois. Un furoncle dans le dos l'inquiète bien plus que quarante tremblements de terre en Afrique. Songez à cela, la prochaine fois que vous vous engagerez dans une conversation.

► PRINCIPE 7 ◄

Sachez écouter.
Encouragez les autres à parler d'eux-mêmes.

CHAPITRE 8

Comment intéresser les autres

Les invités de Theodore Roosevelt étaient surpris de l'étendue et de la diversité de ses connaissances : Roosevelt savait parler aussi bien au cow-boy, au rustre, au politicien qu'au diplomate. Son secret ? Quand il attendait un visiteur, il restait longtemps éveillé le soir précédent pour étudier le sujet auquel son hôte s'intéressait particulièrement.

Roosevelt savait, comme tous ceux qui se sont rendus populaires, que, **pour trouver le chemin du cœur d'un homme, il faut l'entretenir de ce qu'il chérit le plus.**

Le génial William Lyon Phelps, jadis professeur de littérature à l'université de Yale, comprit très jeune cette vérité.

« J'avais huit ans et je passais mes vacances chez ma tante, raconte-t-il dans son *Essai sur la nature humaine*. Un soir, un monsieur d'âge mûr vint nous voir. Après avoir échangé quelques politesses avec ma tante, il m'accorda toute son attention. À cette époque-là, je me passionnais pour les bateaux, et notre visiteur sut m'en parler d'une façon qui me parut particulièrement intéressante. Après son départ, je donnai libre cours à mon enthousiasme. Quel homme ! Comme il aimait les bateaux, comme il les connaissait ! Ma tante me fit observer qu'il était avocat à New York et que les bateaux le laissaient complètement indifférent. “Mais alors, m'écriai-je, pourquoi n'a-t-il parlé que de cela ? — *Parce que c'est un homme bien élevé*, répondit ma tante. *Il a vu que tu t'intéressais énormément aux bateaux, et il t'a entretenu de ce qui te plaisait. Il a donc réussi à se rendre agréable.*” »

Et William Lyon Phelps ajoutait : « Je n'ai jamais oublié la remarque de ma tante. »

J'ai en ce moment sous les yeux une lettre de M. Edward L. Chalif, qui s'occupe activement de scoutisme.

« Un jour, m'écrit-il, j'appris qu'un grand “Jamboree” de scouts allait se tenir en Europe, et, comme je désirais voir un de mes garçons y participer, je décidai d'aller trouver le président d'une grande entreprise pour lui demander s'il consentirait à financer le voyage.

« Justement, je venais, par hasard, d'apprendre que cet homme avait rédigé un chèque d'un million de dollars qu'il avait fait encadrer comme curiosité, après son encaissement[1].

1. Aux États-Unis, les chèques émis sont renvoyés par la banque à leur auteur après encaissement. *(Note du traducteur.)*

« Dès que je fus en sa présence, je demandai à voir ce document. Un chèque d'un million de dollars ! Je lui dis que personne, à ma connaissance, n'avait jamais rédigé un chèque aussi colossal, et que je tenais à raconter à mes scouts que j'avais réellement vu un chèque d'un million de dollars ! Il me le montra avec plaisir. Je l'admirai et priai son propriétaire de m'expliquer les événements qui avaient motivé son émission. »

Vous remarquerez, n'est-ce pas, que M. Chalif n'avait pas encore commencé à parler de ses boy-scouts, ni du Jamboree, ni du but de sa visite. Il parlait de ce qui intéressait son interlocuteur. Voyez comme il fut récompensé de son habileté :

« Au bout d'un moment, le président me dit : "Oh !... À propos, à quel sujet vouliez-vous me voir ?" Je lui exposai ma demande.

« À ma profonde surprise, continua M. Chalif, non seulement il m'accorda immédiatement ce que je désirais, mais il m'offrit beaucoup plus encore. Je n'avais mentionné le voyage que pour un seul des jeunes gens, mais il offrit de couvrir les dépenses de cinq garçons ainsi que les miennes, et me remit une lettre de crédit de mille dollars, en me recommandant de rester sept semaines en Europe. Il me donna aussi des lettres d'introduction auprès des directeurs de ses filiales. À notre arrivée à Paris – où il se trouvait alors – il nous accueillit et nous pilota lui-même dans la ville.

« Depuis cette époque, il a offert des situations à quelques-uns de nos scouts et il joue toujours un rôle dans notre mouvement.

« Mais je sais que, si je n'avais pu découvrir au préalable ce qui l'intéressait pour le mettre d'humeur favorable dès le début, je n'aurais pas obtenu le dixième de ce que je reçus. »

Cette méthode est-elle à conseiller dans les relations d'entreprise ? Prenons le cas de M. Henry G. Duvernoy de la maison Duvernoy et Fils, l'une des plus importantes boulangeries industrielles de New York.

Depuis quatre ans, M. Duvernoy essayait de négocier la vente de son pain à un hôtel de New York. Il allait voir le directeur toutes les semaines. Il s'arrangeait pour le rencontrer à des soirées ou à des réunions. Il s'installa même dans l'hôtel pour pouvoir mieux « travailler » son client. Résultat nul.

Après avoir suivi l'Entraînement Carnegie, il décida de modifier sa stratégie. Il s'efforça de découvrir les goûts et les opinions de son hôtelier.

« J'appris, nous dit-il, qu'il appartenait à une association de directeurs d'hôtels appelée “Hotel Greeters of America”. Grâce à son enthousiasme et à son activité, il en était même devenu le président. Aussi, quand je le revis, je me mis à parler des “Hotels Greeters”. Quel accueil ! Tout vibrant d'enthousiasme, il m'entretint pendant une demi-heure de son organisation. Je vis bien alors que c'était sa marotte, la passion de sa vie. Avant que notre entretien ne fût achevé, il m'y avait enrôlé.

« Je ne soufflais mot de mon pain. Mais, quelques jours plus tard, l'économe de l'hôtel me téléphonait pour me prier de venir avec des échantillons et des prix.

« "Je ne sais pas ce que vous lui avez fait, au patron, me dit-il en me voyant, mais il ne parle plus que de vous."

« Songez donc ! Voilà quatre ans que je le harcelais pour obtenir un contrat, et je serais encore en train de le solliciter si je n'avais pas pris la peine de m'enquérir de ses goûts et des choses qui lui étaient chères. »

Edward E. Harriman, de Hagerstown dans le Maryland, avait décidé de vivre dans la belle vallée Cumberland du Maryland, après avoir terminé son service militaire. Malheureusement, à cette époque-là, le nombre d'emplois dans la région était limité. Harriman découvrit, après une brève enquête, qu'un homme d'affaires exceptionnel, R. J. Funkhouser, possédait et dirigeait un certain nombre d'entreprises de la vallée. Son immense fortune excitait la curiosité de Harriman, mais Funkhouser avait la réputation de ne pas se laisser approcher par les chercheurs d'emploi. Harriman raconte lui-même comment il parvint à obtenir un entretien.

« En interrogeant un certain nombre de personnes, j'apprends que le pouvoir et l'argent sont les deux principaux moteurs de sa vie. Puisque, pour se protéger des gens comme moi, il s'abrite derrière la sévérité d'une secrétaire dévouée, je me mets à chercher quels sont les centres d'intérêt et les ambitions de cette femme. Puis je vais la voir dans son bureau sans me faire annoncer. Cela fait quinze ans qu'elle côtoie M. Funkhouser. Quand je lui explique que j'ai une proposition à faire à son patron, qui pourrait se transformer pour lui en succès à la fois politique et financier, elle est enchantée. J'ajoute que, si elle le veut, elle peut activement contribuer à ce succès. Elle me ménage aussitôt un entretien avec M. Funkhouser.

« Je pénètre dans l'immense bureau directorial, bien décidé à ne pas demander immédiatement un emploi. M. Funkhouser est assis derrière un grand bureau sculpté, et de sa voix de tonnerre il me lance : "Alors, jeune homme ? — Monsieur Funkhouser, dis-je, je crois que je peux vous faire gagner de l'argent." Il se lève immédiatement et m'invite à m'asseoir dans l'un de ses vastes fauteuils capitonnés. J'expose mes idées et les qualifications que je possède pour les concrétiser. Je lui explique comment je pourrai contribuer à son succès personnel autant qu'à ses affaires. R. J. – c'est ainsi que je l'appelle – s'attacha tout de suite mes services et cela fait plus de vingt ans que je réussis des stages dans ses entreprises et qu'ensemble, nous prospérons. »

Parler aux autres de ce qui les intéresse avantage votre interlocuteur autant que vous-même. Howard Z. Herzig, expert en communication interne des entreprises, a toujours appliqué ce principe. Quand on lui demande quel bienfait il en retire, il répond que, non seulement il reçoit de chacun un apport différent, mais aussi que cela lui permet d'élargir ses horizons.

Ce que M. Duvernoy, M. Harriman et les autres dans ce chapitre ont découvert est inestimable dans le domaine des relations humaines. Les interlocuteurs les plus fascinants ne cherchent pas à vous impressionner par leurs connaissances sur l'ornithologie en Cornouailles et ne vous ennuient pas avec les détails de l'organisation du mariage prochain de leur fille, même si à n'en pas douter ce sont des sujets qu'ils maîtrisent parfaitement. Vous appréciez leur compagnie parce qu'ils discutent de *vos* intérêts et de *vos* opinions, et qui n'y serait pas sensible ?

Tout au long de l'histoire, c'est ce principe qu'ont appliqué diplomates, courtisans, rois et reines pour susciter des alliances politiques, séduire des cœurs ou bâtir des fortunes. Si vous le respectez vous aussi, cela sera profitable aux deux parties. Votre interlocuteur appréciera de discuter avec vous, mais vous aussi recevrez une récompense : *votre* vie prendra un peu plus d'ampleur chaque fois que vous parlerez avec quelqu'un.

► PRINCIPE 8 ◄

Parlez à votre interlocuteur de ce qui l'intéresse.

CHAPITRE 9

Comment plaire instantanément

L'autre jour, je me trouve à la poste, attendant mon tour au guichet des recommandés. Je suis frappé par l'air accablé d'ennui de l'employé. Évidemment, ce n'est guère drôle de passer ses journées à peser des enveloppes, vendre des timbres, remplir des récépissés. Je me dis : « Essayons de faire plaisir à ce garçon et de lui arracher un sourire… Pour cela il faut naturellement que je lui dise quelque chose de gentil. Que pourrais-je bien trouver à admirer sincèrement dans sa personne ? » Ce n'est pas toujours facile avec des inconnus ! Mais là, c'est très simple : l'employé possède une chevelure magnifique.

Aussi, tandis qu'il pèse ma lettre, je lui dis : « Je voudrais bien avoir des cheveux comme les vôtres ! »

Il lève la tête, l'air surpris et rayonnant. « Oh ! répond-il avec un sourire modeste : ils ne sont plus ce qu'ils étaient. » Je l'assure qu'ils sont admirables, et le vois cette fois vraiment enchanté. Nous prolongeons encore quelques instants cette conversation, et la dernière parole qu'il me dit est celle-ci : « On m'a souvent complimenté sur ma chevelure. »

Je parie que ce garçon est parti léger comme un passereau, qu'il a répété à sa femme ce que je lui avais dit et que, le soir, il a revu sa chevelure dans le miroir en se disant : « C'est vrai qu'elle est belle ! »

Un jour où je racontais cela en public, quelqu'un m'a dit : « Mais que vouliez-vous obtenir de cet homme ? »

Ce que je voulais obtenir de lui !!!

Si nous sommes si bassement égoïstes que nous ne puissions dispenser un peu de bonheur autour de nous, ni faire un compliment, sans espérer tirer quelque chose d'autrui en retour, si nos cœurs ne sont pas plus larges que « l'aigre et chétive pomme sauvage », alors nous ne manquerons pas d'essuyer l'échec que nous méritons.

Mais, au fait, c'est vrai ! Je désirais obtenir quelque chose de ce garçon, quelque chose d'infiniment précieux : la satisfaction exquise d'avoir accompli un geste absolument désintéressé, une de ces actions généreuses dont le souvenir demeure en notre mémoire longtemps après l'incident qui l'a provoqué.

Il existe une loi primordiale que nous devons respecter dans nos rapports avec nos semblables. Si nous l'observons, nous gagnerons amitié et bonheur. Mais, dès l'instant où nous la violerons, nous ferons naître sous nos pas d'innombrables difficultés. Cette règle, la voici : faites sentir aux autres leur importance. Comme nous l'avons expliqué plus haut, le désir d'être important est, selon le professeur John Dewey, le plus puissant des appétits humains.

Pendant des millénaires, les philosophes ont spéculé sur les principes qui régissent les rapports des hommes entre eux. Toutes leurs méditations et leurs études n'ont abouti finalement qu'à un seul précepte. Il est aussi vieux que l'histoire de l'humanité. Zoroastre l'enseignait aux adorateurs du feu en Perse il y a trois mille ans. Confucius le prêchait en Chine il y a vingt-quatre siècles. Lao-tseu, le fondateur du taoïsme, l'inculquait à ses disciples dans la vallée de Han. Cinq cents ans avant Jésus-Christ, Bouddha le proclamait sur les rives du Gange sacré, et les livres saints de l'hindouisme le mentionnaient mille ans avant lui. Plus tard, Jésus le prêcha parmi les collines pierreuses de la Judée. Il résuma en une seule phrase cette règle qui est probablement la plus importante du monde : **« Agis envers les autres comme tu voudrais qu'ils agissent envers toi-même. »**

Vous tenez à l'estime de ceux qui vous entourent. Vous désirez qu'on rende justice à vos mérites. Il vous est doux de vous sentir important dans votre petite sphère. Vous détestez les lourdes flatteries, mais vous avez faim d'éloges sincères. Vous voulez être honoré, encouragé, complimenté. Tous nous aspirons à cela.

Obéissons donc à la loi de l'Écriture : donnons aux autres ce que nous voudrions recevoir d'eux.

Et cela, quand ?… comment ?… où ?… La réponse est simple : toujours et partout.

Point n'est besoin d'être ambassadeur pour pratiquer cette philosophie.

De petites phrases comme : « Excusez-moi de vous déranger… Voulez-vous avoir la bonté de… Voulez-vous, je vous prie… », sans oublier « Merci », sont l'huile qui lubrifie les mécanismes de notre vie quotidienne, en plus de la marque d'une bonne éducation.

Le romancier Hall Caine était fils de forgeron et n'avait reçu qu'une instruction rudimentaire. Pourtant, il connut une extraordinaire célébrité.

Voici l'origine de sa carrière. Il adorait la poésie et tous les poèmes de Dante Gabriel Rossetti. Ayant rédigé une déclaration élogieuse sur l'œuvre du poète, il en adressa une copie à ce dernier, qui fut charmé ; il est probable qu'il pensa : « Un jeune homme qui a une aussi haute opinion de moi doit être fort intelligent. » Il invita le fils du forgeron à devenir son secrétaire. Grâce à sa nouvelle situation, le jeune homme rencontra les maîtres de la littérature. Conseillé et encouragé par eux, il se mit à écrire et connut un succès triomphal. Sa propriété, Greeba Castle, dans l'île de Man, devint un lieu de pèlerinage pour les touristes : il laissa une fortune de deux millions cinq cent mille dollars. Et pourtant, il serait peut-être mort pauvre et méconnu s'il n'avait pas écrit cet essai exprimant son admiration pour un homme illustre.

Tel est le pouvoir, le prodigieux pouvoir de la louange quand elle vient du cœur.

Rossetti se considérait comme un personnage important. Quoi de surprenant à cela ? Chacun de nous se croit important, très important.

Plus d'une vie pourrait être changée si seulement nous prenions la peine de faire sentir aux autres leur importance.

Prenons conscience de ceci : tout homme que nous rencontrons croit nous être supérieur en quelque manière. Si vous voulez trouver le chemin de son cœur, prouvez-lui subtilement que vous reconnaissez sincèrement son importance.

Rappelez-vous la parole d'Emerson : « Tout homme m'est supérieur en quelque manière, et je m'instruis auprès de lui. »

Il est pathétique de voir ceux qui ont le moins à s'enorgueillir essayer de combler leurs secrètes déficiences par des manifestations de vanité si bruyantes qu'elles offensent ceux qui en sont témoins.

Comme le disait Shakespeare : « Homme ! Ô homme vain ! Drapé d'un peu d'autorité, tu joues devant les Cieux de si grotesques comédies que tu ferais pleurer les anges. »

Et, maintenant, prenons trois cas où l'application des méthodes exposées ici a donné des résultats remarquables. Voici d'abord celui d'un avoué du Connecticut, qui m'a prié de ne pas indiquer son nom à cause de sa famille. Nous l'appellerons M. R...

Peu de temps après s'être fait inscrire à notre Entraînement, M. R... se rend avec sa femme, en voiture, à Long Island, pour rendre visite à des parents. Il se retrouve en tête à tête avec une vieille tante de son épouse, cette dernière les ayant laissés pour d'autres visites. Il décide de mettre immédiatement en pratique mes principes et, dans ce but, cherche autour de lui ce qu'il pourrait honnêtement admirer.

« Votre maison a été construite en 1890, n'est-ce pas ? demande-t-il à son hôtesse.

— En effet », répond-elle.

Il poursuit : « Elle me rappelle la maison où je suis né. Quelle belle construction !... vaste... bien conçue... On ne bâtit plus comme cela maintenant.

— Ah ! vous avez bien raison ! dit la vieille dame. Les jeunes gens d'aujourd'hui ne savent pas ce qu'est une belle demeure. Tout ce qu'ils veulent, c'est un petit appartement et une belle voiture... »

D'une voix émue, elle évoque de chers souvenirs : « C'est une maison idéale... Elle fut bâtie avec amour ; mon mari et moi n'avions pas d'architecte : nous avons fait tous les plans nous-mêmes. »

Elle lui fait alors visiter les pièces, tandis qu'il admire un à un les objets précieux qu'elle a recueillis au cours de ses voyages et chéris toute sa vie : châles du Cachemire, porcelaines anciennes, lits et fauteuils français, peintures italiennes et de grandes draperies de soie provenant d'un château de France...

Après lui avoir montré la maison, elle tient à le conduire au garage. Là se trouve, sur des cales, une automobile Packard presque neuve.

« Mon mari avait acheté cette voiture peu de temps avant de mourir, murmure la vieille dame ; je n'y suis jamais montée depuis… Vous appréciez les belles choses… Je veux vous donner cette Packard.

— Mais, ma tante, vous me comblez, c'est trop, lui dit-il. Je suis touché de votre générosité, mais, vraiment, je ne puis accepter. Je ne suis même pas votre parent. Je possède une automobile neuve… Et puis, vous avez beaucoup de neveux qui seraient heureux de recevoir ce cadeau.

— Des neveux ! s'exclame-t-elle. Ah ! oui, des neveux qui n'attendent que ma disparition pour s'emparer de la Packard. Mais ils ne l'auront pas.

— Vous pourriez la vendre à un garagiste.

— La vendre ! crie-t-elle. Vous croyez que je vendrais cette voiture ? que je supporterais de voir des étrangers s'asseoir dedans ! Une auto que mon mari avait achetée pour moi !… Jamais je ne la vendrai… Je vais vous la donner. Vous aimez les belles choses. »

M. R… n'aurait pu refuser le présent sans blesser la donatrice.

Cette vieille dame, demeurée seule dans sa vaste propriété, parmi ses cachemires, ses antiquités et ses souvenirs, était sevrée d'affection et d'éloges. Elle avait été autrefois jeune, belle, adulée. Elle avait bâti cette maison, l'avait réchauffée de son amour et embellie de tous les trésors qu'elle avait pu cueillir à travers le monde. Et, maintenant, dans la triste solitude de la vieillesse, elle avait soif d'un peu de tendresse, d'un peu de chaleur et d'admiration, et nul ne venait les lui apporter. Aussi, quand elle trouva – source dans le désert – ce qui lui manquait depuis si longtemps, elle ne put offrir, pour exprimer sa gratitude, rien de moins qu'une automobile de luxe.

Un autre participant à mes Entraînements, architecte paysagiste, nous conte l'incident suivant :

« J'étais occupé à dessiner le jardin d'un avocat célèbre. Le propriétaire vient me donner quelques indications sur la manière de disposer les massifs d'azalées et de rhododendrons.

« Je lui dis – car j'avais remarqué qu'il avait de beaux chenils : "Vous avez des chiens superbes, monsieur. Il paraît que vous gagnez beaucoup de médailles chaque année à l'Exposition canine de Madison Square Garden." L'effet de ce simple compliment est étonnant.

« L'avocat me répond : "Oui, j'aime beaucoup les chiens. Voulez-vous visiter mes chenils ?"

« Il passe près d'une heure à me montrer ses bêtes et les prix qu'elles avaient gagnés. Il me décrit longuement leurs pedigrees. Finalement, il me demande :

« — Avez-vous un petit garçon ?

« — Oui, j'ai un fils.

« — Croyez-vous qu'un petit chien lui ferait plaisir ?

« — Il serait fou de joie !

« — Je vais lui en donner un ! annonce l'avocat.

« Il se met alors à m'expliquer la manière de nourrir le chiot. Puis, il se ravise : "Vous allez oublier tous ces détails. Il vaut mieux que je vous les écrive." Là-dessus, il rentre dans la maison et tape à la machine le pedigree et le régime de l'animal. Ainsi, cet homme m'a offert un chien de valeur et plus d'une heure de son temps précieux, uniquement parce que je lui ai exprimé mon admiration sincère pour son talent d'éleveur et pour ses pensionnaires. »

George Eastman, célèbre patron de Kodak, inventeur du film transparent à l'origine du cinéma, amassa une fortune considérable, et devint célèbre dans le monde entier. Cela ne l'empêchait pas d'être touché, comme vous et moi, par les éloges les plus simples.

Il y a plusieurs années, Eastman fit construire l'École de Musique de Rochester, ainsi qu'un théâtre élevé à la mémoire de sa mère. Le directeur d'une importante fabrique de sièges, M. Adamson, désirait obtenir le contrat de fourniture de sièges pour ces deux édifices. Il téléphone à l'architecte pour demander une entrevue avec M. Eastman, à Rochester.

Quand il arrive, l'architecte lui dit : « Je sais que vous voulez cette commande, mais je vous préviens tout de suite que vous n'aurez pas l'ombre d'une chance de succès avec M. George Eastman si vous lui prenez plus de cinq minutes de son temps. Il est très occupé. Entrez, dites vite ce que vous avez à dire et partez. »

C'est exactement ce qu'Adamson se préparait à faire.

Accompagné de l'architecte, il est introduit. M. Eastman est penché sur son bureau. Au bout d'un moment, il relève la tête, s'avance vers les deux hommes et dit : « Bonjour, messieurs, que puis-je faire pour vous ? »

L'architecte fait les présentations. Puis M. Adamson dit :

« Monsieur Eastman, tout en vous attendant, j'ai admiré votre bureau. Ce doit être un plaisir de travailler dans une telle pièce. Vous savez, notre maison fait aussi des boiseries murales, et pourtant je n'en ai jamais vu de plus belles qu'ici. »

George Eastman répond :

« Vous me rappelez une chose que j'avais presque oubliée. Oui, c'est un beau bureau, n'est-ce pas ? Je m'y plaisais beaucoup au début. Mais, maintenant, je viens ici la tête pleine de préoccupations et il m'arrive de ne pas remarquer cette décoration pendant des semaines entières. »

Adamson marche à travers la pièce et frotte de la main un des panneaux.

« C'est du chêne anglais, n'est-ce pas ? Il est un peu différent du chêne italien.

— C'est juste, répond Eastman. Je l'ai fait venir d'Angleterre. C'est un ami, spécialiste en bois précieux, qui me l'a choisi. »

Eastman lui montre alors toute la décoration de la pièce, les proportions, les coloris, les sculptures à la main et tous les autres détails qu'il a contribué à créer. Les deux hommes s'arrêtent devant une fenêtre, et George Eastman désigne à son visiteur quelques-unes des institutions qu'il a fondées pour essayer de soulager l'humanité. M. Adamson le félicite chaleureusement pour l'emploi généreux qu'il fait de sa fortune. Au bout d'un moment, George Eastman ouvre une vitrine et en tire un appareil photographique, le premier qu'il ait possédé, une invention achetée à un Anglais.

Adamson l'interroge sur les difficultés de ses débuts, et M. Eastman parle longuement et avec émotion de la pauvreté de son enfance, raconte que sa mère, veuve, tenait une pension de famille, tandis que lui-même rédigeait des contrats, dans une agence d'assurances pour un demi-dollar par jour. Il était obsédé, jour et nuit, par la perspective de la misère, et il résolut de gagner assez pour que sa mère ne fût pas obligée de se tuer ainsi au travail. Stimulé par les questions d'Adamson qui l'écoute attentivement, M. Eastman décrit ses expériences photographiques, raconte comment, après avoir trimé tout le jour dans son bureau, il travaillait la nuit à ses essais, se contentant de quelques brefs moments de sommeil pendant que les produits chimiques agissaient. Il lui arrivait de passer ainsi soixante-douze heures sans se déshabiller.

James Adamson avait été introduit dans le bureau d'Eastman à 10 h 15 avec la recommandation de ne rester que cinq minutes, mais une heure s'était écoulée, puis deux, et ils parlaient encore.

Finalement, George Eastman dit à Adamson : « Lors de mon dernier voyage au Japon, j'ai acheté des chaises, et les ai installées dans ma véranda. Malheureusement, le soleil a écaillé toute la peinture !… Venez donc déjeuner avec moi, je vous montrerai cela. »

Après le repas, M. Eastman exhibe ses chaises du Japon. Elles n'avaient aucune valeur, mais le multimillionnaire en était fier parce que c'était lui qui les avait peintes.

La commande des sièges, pour les deux immeubles en construction, s'éleva à 90 000 dollars. Qui décrocha cette commande à votre avis ? James Adamson ou l'un de ses concurrents ?

À partir de ce moment, les deux hommes devinrent d'excellents amis, jusqu'à la mort de George Eastman.

Où, vous et moi, devrions-nous appliquer cette magie de la sympathie ? Pourquoi ne pas commencer à la maison ? Je ne connais pas d'endroit où elle est plus nécessaire… et autant négligée. Votre conjoint(e) doit bien posséder quelques qualités – du moins, vous l'avez cru à un moment, sinon vous ne l'auriez pas épousé(e). Mais depuis quand ne lui avez-vous pas exprimé votre attachement ? Depuis quand ??? Depuis quand ???

Alors, ce soir, ou demain soir, surprenez votre chéri(e) avec un cadeau spécial ou un dîner dans son restaurant préféré. Ne dites pas simplement : « Oui, je devrais le faire. » *Faites-le !* Et après cela, avec un sourire, offrez-lui de chaleureuses paroles d'affection.

Voulez-vous savoir comment faire pour qu'on tombe amoureux de vous ? Eh bien, voilà le secret. Ce n'est pas mon idée, je l'ai empruntée à Dorothy Dix, la grande journaliste et éditorialiste. Elle a un jour interviewé un très célèbre polygame qui avait acquis les cœurs et les numéros de compte bancaire de vingt-trois femmes. (Notons, par ailleurs, que cette interview a été réalisée en prison.) Quand elle lui a demandé la recette qui lui permettait de séduire aussi facilement, il lui a répondu que cela n'avait rien de sorcier : il suffisait quand il était avec une femme de lui parler d'elle.

« Parlez à un homme de lui-même », disait Disraeli, l'un des plus adroits politiciens qui aient jamais gouverné l'Empire britannique, parlez à un homme de lui-même, et il vous écoutera pendant des heures. »

Donc, si vous voulez que les gens vous aiment :

▶ PRINCIPE 9 ◀

Faites sentir aux autres leur importance
et faites-le sincèrement.

► Principe 4 ◄

Intéressez-vous réellement aux autres

► Principe 5 ◄

Ayez le sourire

► Principe 6 ◄

Rappelez-vous que le nom d'une personne revêt pour elle une grande importance.

► Principe 7 ◄

Sachez écouter. Encouragez les autres à parler d'eux-mêmes.

► Principe 8 ◄

Parlez à votre interlocuteur de ce qui l'intéresse.

► Principe 9 ◄

Faites sentir aux autres leur importance et faites-le sincèrement.

TROISIÈME PARTIE

Douze moyens de rallier les autres à votre point de vue

CHAPITRE 10

Que gagnez-vous à argumenter ?

Peu de temps après la Première Guerre mondiale, je reçus une précieuse leçon. À cette époque manager de sir Ross Smith, le Lindbergh de l'Empire britannique, j'assiste, un soir, à un banquet donné en son honneur. Pendant le repas, mon voisin raconte une histoire en l'agrémentant de la citation suivante : « Il est un dieu qui façonne à son gré nos destinées, quelle qu'en soit l'ébauche faite par nous. » Le conteur prétend que cette citation provient de la Bible. Il se trompe. J'en suis certain. Il ne peut y avoir aucun doute quant à son origine. Aussi, pour déployer ma supériorité, pour affirmer mon savoir, je m'érige en correcteur, ce que personne ne me demande, et je lui fais observer que la phrase est de Shakespeare. Mais l'autre ne démord pas de ce qu'il a dit. Quoi ? Cette phrase serait de Shakespeare ? Impossible, absurde ! Elle se trouve dans la Bible, il le sait bien.

L'auteur de l'anecdote est assis à ma droite, et Frank Gammond, un vieil ami à moi, se trouve à ma gauche. M. Gammond a consacré des années à l'étude de Shakespeare. Aussi nous tournons-nous vers lui d'un commun accord pour le prier d'arbitrer notre querelle. Après nous avoir écoutés, M. Gammond me donne un bon coup de pied sous la table, puis il annonce : « Dale, vous vous trompez, monsieur a raison. Cette parole est dans la Bible. »

En rentrant avec mon ami, ce soir-là, je lui dis :

« Frank, vous saviez que c'était une citation de Shakespeare ?

— Naturellement, je le savais, répond-il. Elle se trouve dans *Hamlet*, acte V, scène II. Mais nous étions invités, mon cher Dale. Pourquoi vouloir prouver à un homme qu'il a tort ? Est-ce là le moyen de vous rendre sympathique à ses yeux ? Pourquoi ne pas le laisser "sauver la face" ? Il n'avait pas sollicité votre opinion. Pourquoi entamer délibérément une discussion ? Évitez toujours les querelles. »

« Évitez toujours les querelles. » L'homme qui a prononcé ces paroles est mort maintenant, mais la leçon qu'il m'a donnée porte toujours ses fruits.

Et c'était une leçon dont j'avais terriblement besoin. J'adorais les controverses. Pendant ma jeunesse, je discutais avec mon frère sur tous les sujets possibles et imaginables. Au collège, j'étudiais la logigue et l'argumentation et ne manquais jamais de participer aux débats contradictoires. Ce n'est pas pour rien que je suis né dans le Missouri, pays des ergoteurs et des sceptiques… Plus tard, je dirigeai un cours de dialectique et même, je l'avoue, à ma grande honte, je formai le projet d'écrire un livre sur ce sujet.

Depuis lors, j'ai assisté à des milliers de discussions, je les ai analysées, j'y ai pris part. Et ma conclusion, après ces innombrables expériences, c'est que le meilleur moyen de l'emporter dans une controverse, c'est de *l'éviter*. Fuyez les discussions comme vous fuiriez les serpents à sonnette ou les tremblements de terre.

Neuf fois sur dix, chacun des adversaires se retire du débat, plus que jamais convaincu d'avoir raison.

Ces batailles-là, personne ne les gagne. En effet, si vous perdez... vous perdez ! Et si vous gagnez... vous perdez aussi. Comment cela ? Supposons que vous ayez remporté sur votre adversaire une victoire éclatante, que vous lui ayez prouvé qu'il avait tort. Et après ? Vous vous frottez les mains. Mais lui, que pense-t-il ? Vous lui avez fait sentir son infériorité. Vous avez blessé son amour-propre, son orgueil. Il est furieux. Et puis, vous le savez,

Homme convaincu malgré lui
Garde toujours le même avis.

Il y a pas mal d'années, j'avais dans un de mes stages un Irlandais belliqueux du nom de Patrick O'Haire, un brave et simple garçon qui aimait les querelles ! Il était représentant en camions et il ne réussissait guère dans son métier. En l'interrogeant, je découvris qu'il était toujours à contredire et irriter ses clients ; il discutait, criait, perdait le contrôle de lui-même. Si un client osait critiquer ses machines, Patrick voyait rouge et lui sautait presque à la gorge.

En ce temps-là, il avait toujours le dernier mot dans les discussions ! Seulement, il m'avoua plus tard : « Hélas ! combien de fois suis-je sorti du bureau d'un client en me disant avec satisfaction : "Comment je lui ai rivé son clou, à celui-là !"… Je lui avais rivé son clou, oui, mais je ne lui avais rien vendu. »

Ma première tâche avec Patrick O'Haire ne fut pas de l'entraîner à mieux parler, en entretien, en réunion ou en public, ce fut de l'exercer à retenir sa langue.

M. O'Haire est devenu le premier vendeur de la White Motor Company à New York. Comment opère-t-il ? C'est lui-même qui va vous le dire :

« Maintenant, quand je vais chez un client et qu'il me déclare : "Quoi ? Un camion White ? Je n'en veux pas. C'est de la camelote. Je ne le prendrais pas même si on me le donnait pour rien. Moi, je vais commander un camion Untel", je lui réponds doucement :

« "Écoutez, mon ami, les camions Untel sont très bons. Si vous prenez un Untel, vous ne vous tromperez pas. C'est une bonne maison, et c'est de la belle fabrication."

« Du coup, il ne peut plus rien dire. Pas de raison de discuter. Il me dit qu'Untel est épatant, et je lui réponds : "C'est sûr." Il faut qu'il s'arrête. Il ne peut pas continuer tout l'après-midi à répéter tout seul : "Les camions Untel sont excellents." Nous quittons alors ce sujet, et je commence à décrire les qualités de mes camions White.

« Il fut un temps où une remarque comme celle qui précède m'aurait mis hors de moi. J'aurais commencé à taper sur les Untel. Plus je les aurais critiqués et plus l'acheteur les aurait défendus et se serait ancré dans la conviction qu'ils étaient supérieurs aux autres.

« En réfléchissant à mon passé, je me demande comment j'ai pu vendre quoi que ce soit. J'ai perdu des années de mon existence à discuter, à batailler, à créer de l'antagonisme. Aujourd'hui, je sais me taire. C'est beaucoup plus profitable. »

Le sage Franklin disait :

« À force de batailler et d'argumenter, vous parviendrez peut-être à confondre votre interlocuteur, mais votre victoire sera inutile, car jamais vous n'obtiendrez l'accord sincère de votre adversaire. »

Alors, choisissez vous-même : un triomphe spectaculaire et théorique, ou bien un accord sincère.

Il est bien rare qu'on obtienne les deux en même temps.

Un journal de Boston reproduisait, un jour, cette amusante épitaphe en vers libres :

Ci-gît, dans son bon droit, William Jay
qui traversa la rue, ayant priorité.
Mais il n'est pas moins mort
Que s'il avait eu tort.

Hé oui ! vous avez raison, cent fois raison, et vous vous acharnez à démontrer que vous avez raison.

Pour ce qui est de modifier l'opinion de votre adversaire, vos efforts seront aussi vains que si vous aviez tort !

Écoutez l'histoire de M. Frederick Parsons, conseiller fiscal, qui était allé voir l'inspecteur des impôts au sujet d'une erreur. On avait taxé une somme de neuf mille dollars qui, assurait M. Parsons, n'avait jamais été encaissée, et ne le serait jamais, car le débiteur était insolvable. « Je ne veux pas le savoir, rétorquait froidement le percepteur ; ce revenu est indiqué, il doit être imposé. »

« Nous avons discuté pendant une heure, nous confia M. Parsons. L'inspecteur était cassant, buté. Ni les preuves ni la logique ne réussissaient à le convaincre. Plus nous discutions, plus il s'entêtait... Je résolus alors de changer de tactique et de le mettre en valeur.

« Je lui dis : "Je suppose, évidemment, que ce cas n'a pas grande importance, comparé aux décisions importantes et difficiles que vous êtes amené à prendre. J'ai moi-même quelque peu étudié les questions fiscales. Cela m'intéresse beaucoup... Seulement, moi, évidemment, j'ai dû étudier dans les livres, tandis que vous, vous avez acquis votre expérience face à face avec les hommes... en première ligne, si j'ose dire. Je souhaiterais parfois avoir un rôle comme le vôtre. J'apprendrais beaucoup." En disant cela, remarquez-le bien, j'étais profondément sincère.

« L'inspecteur se redressa dans son fauteuil et se mit à me parler de lui, de son métier, il cita certaines fraudes astucieuses qu'il avait découvertes. Son attitude devint de plus en plus cordiale, et bientôt il me parla de ses enfants. En me quittant, il m'annonça qu'il allait réviser mon cas et qu'il me ferait sous peu connaître sa décision.

« Trois jours plus tard, il m'informait que, conformément à ma demande, il m'exemptait d'impôts sur le chapitre en question. »

Cet inspecteur incarnait une caractéristique humaine flagrante : il désirait être important. Tant que le contribuable s'opposait à lui, il faisait valoir haut et fort son autorité. Mais quand l'argumentation s'arrêtait et qu'il pouvait exprimer son moi, il se montrait aimable et sympathique.

« Ce n'est jamais la haine qui met fin à la haine : c'est l'amour », a dit Bouddha. Un malentendu n'est pas dissipé par une discussion, mais par le tact, la diplomatie, l'esprit de conciliation et par le désir généreux de considérer le point de vue de l'autre.

Lincoln, un jour, réprimanda un jeune officier qui était plongé dans une violente dispute avec un de ses camarades. Il lui dit : « L'homme qui veut se perfectionner et s'élever n'a pas de temps à perdre en querelles personnelles. Elles aigrissent son caractère et lui font perdre la maîtrise de lui-même. Ne craignez pas de faire quelques concessions. Mieux vaut abandonner le chemin à un chien que d'être mordu en lui disputant le passage. Car même tuer le chien n'enlèvera pas la morsure. »

Un article de *Bits and pieces* émet des suggestions pour qu'un différend ne se transforme pas en dispute : *Réservez bon accueil au différend.* Souvenez-vous de la devise : « Quand deux partenaires sont toujours d'accord, l'un des deux n'est pas nécessaire. » S'il y a un point auquel vous n'avez pas pensé, soyez reconnaissant qu'on l'ait porté à votre attention. Ce différend est peut-être pour vous l'occasion d'une révision qui vous évitera de commettre une grave erreur.

Ne cédez pas à votre première impulsion. Notre première réaction dans une situation désagréable est une réaction de défense. Faites attention. Restez calme, surveillez-vous, car il se peut que votre première réaction ne vous soit pas dictée par le meilleur de vous-même.

Maîtrisez votre colère. Souvenez-vous qu'on juge une personne sur ce qui peut la mettre en colère.

Commencez par écouter. Laissez à vos antagonistes la possibilité de s'exprimer. Laissez-les parler à loisir. N'opposez pas de résistance, ne vous défendez pas, ne discutez pas, car c'est cette réaction qui crée les barrières. Essayez plutôt de construire le pont de la compréhension. N'élevez pas les murs de la mésentente.

Cherchez des terrains d'entente. Quand vous avez écouté vos antagonistes jusqu'au bout, arrêtez votre pensée sur les points et les zones d'entente possibles.

Soyez honnête. Cherchez des points sur lesquels il se peut que vous ayez tort et admettez-les. Excusez-vous pour vos erreurs. Cela aidera à désarmer vos adversaires et à réduire leur attitude défensive.

Promettez de réfléchir aux idées de vos antagonistes, de les étudier avec soin. Et faites-le. Il se peut que vos antagonistes aient raison. Il est beaucoup plus facile à ce stade d'accepter de réfléchir à leurs propositions que de foncer, et de vous retrouver ensuite dans une position qui permette à vos adversaires de vous faire remarquer : « Nous avons essayé de vous le dire mais vous avez refusé d'écouter. »

Remerciez sincèrement vos adversaires pour leur intérêt. Toute personne qui prend le temps de ne pas être d'accord avec vous s'intéresse aux mêmes choses que vous. Pensez à vos contradicteurs en tant que personnes désirant réellement vous aider, et il se peut que vous vous en fassiez des amis.

Ajournez votre action pour laisser aux deux parties en présence le temps d'examiner en détail le problème. Suggérez qu'une nouvelle réunion soit tenue plus tard dans la journée, ou le lendemain, pour que tous les faits soient réunis. Pour préparer cette réunion, posez-vous les questions suivantes : Se pourrait-il que mes adversaires aient raison ? Ou en partie raison ? Y a-t-il une part de vérité dans leur argumentation ? Ma réaction va-t-elle résoudre le problème ou ai-je simplement envie de me débarrasser d'une frustration ? Ma réaction va-t-elle éloigner mes adversaires ou au contraire les rapprocher de moi ? Va-t-elle rehausser l'estime que les gens ont pour moi ? Vais-je gagner ou perdre ? Quel prix devrai-je payer si je gagne ? Si je reste discret, le désaccord va-t-il se dissiper ? Est-ce que cette situation difficile est une occasion pour moi de progresser ?

Le ténor Ian Peerce, au bout de cinquante ans de mariage, dit un jour : « Ma femme et moi avons conclu un pacte, il y a longtemps, et nous ne l'avons jamais rompu, quelle que soit l'intensité de notre colère. Quand l'un de nous hurle, l'autre est tenu d'écouter, parce que lorsque deux personnes hurlent en même temps, il n'y a pas de communication possible, sinon du bruit et des vibrations négatives. »

► PRINCIPE 10 ◄

Évitez les controverses,
seul moyen d'en sortir vainqueur.

CHAPITRE 11

Un moyen infaillible de se faire des ennemis ! comment l'éviter ?

Au temps où Theodore Roosevelt était président des États-Unis, il confessait qu'il ne pouvait être sûr de son jugement plus de soixante-quinze fois sur cent : telle était la limite extrême de ses possibilités.

Si tel est le degré que pouvait espérer atteindre l'un des hommes les plus distingués du XXe siècle, qu'en est-il pour vous et moi ?

Tenez ! si vous pouviez être certain d'avoir raison ne fût-ce que cinquante-cinq fois sur cent, il ne vous resterait plus qu'à vous installer à Wall Street, gagner un million de dollars par jour, acheter un yacht et épouser une star. Mais, si vous ne pouvez pas atteindre cette proportion, pourquoi vous permettez-vous d'affirmer aux autres qu'ils sont dans l'erreur ?

Vous pouvez faire comprendre à l'autre qu'il se trompe, par un regard, une intonation, un geste, aussi éloquemment que par des mots. Et si vous lui dites qu'il a tort, croyez-vous ainsi l'amener à penser comme vous ? Non, jamais ! Vous avez frappé un coup direct à son intelligence, à son jugement, à son amour-propre. Cela va l'inciter à riposter, mais cela ne l'amènera surtout pas à modifier son opinion. Vous pourrez bien ensuite lui jeter à la tête toute la logique d'un Platon ou d'un Kant, vous ne changerez pas sa conviction, car vous l'aurez blessé.

Ne commencez jamais en annonçant : « Je vais vous prouver cela… Je vais vous démontrer que… » Cela équivaut à dire : « Je suis plus malin que vous. Je vais vous faire changer d'avis. » Vous créez une opposition et vous incitez l'interlocuteur à vous combattre avant même d'avoir pu entamer votre exposé.

Il est difficile, même dans les conditions les plus favorables, de modifier l'opinion de nos semblables. Alors, pourquoi élever des obstacles ? Pourquoi ajouter encore à la difficulté ?

Si vous avez l'intention de prouver quelque chose, que personne n'en sache rien. Opérez si adroitement, si subtilement, que nul ne puisse découvrir votre but.

Suivez le conseil du poète Alexander Pope :

Enseignez sans paraître enseigner.
Offrez la science nouvelle comme le rappel
d'une chose oubliée.

Il y a trois siècles, Galilée ne disait-il pas :

Enseigner, c'est rappeler aux autres
ce qu'ils savent déjà.

Lord Chesterfield disait à son fils :

Sois plus sage que les autres, si tu peux ;
mais ne le leur fais point sentir.

Socrate répétait à ses disciples à Athènes :

Je ne sais qu'une chose :
C'est que je ne sais rien.

Que voulez-vous… Je n'ai pas la prétention de me croire plus fort que Socrate : c'est pourquoi j'ai cessé d'affirmer aux gens qu'ils ont tort. Et je m'en suis bien trouvé !

Si quelqu'un vous affirme une chose que vous croyez fausse – et même que vous savez parfaitement être erronée –, n'est-il pas préférable de commencer ainsi : « Écoutez, je n'étais pas du tout de cet avis, mais je peux me tromper. Cela m'arrive souvent. Si je me trompe, je veux bien rectifier mon opinion… Examinons la chose ensemble, voulez-vous ? »

Des phrases comme celles-là sont magiques, littéralement magiques. « Je peux me tromper… Voyons cela ensemble… » Il n'est personne au monde qui puisse objecter à ces mots-là !

Il ne vous arrivera jamais d'ennuis si vous admettez promptement que vous êtes sujet à l'erreur. Cette déclaration préviendra immédiatement toute discussion et incitera votre interlocuteur à se montrer aussi juste, impartial et libéral que vous-même, c'est-à-dire à reconnaître que lui aussi est faillible.

Si vous êtes absolument certain qu'une personne est dans son tort et que vous le lui dites brusquement, qu'arrive-t-il ? Cet exemple va nous l'illustrer.

M. S..., jeune avocat de New York, plaidait récemment une cause importante devant la Cour suprême de New York (grand procès d'un armateur contre son fournisseur). Pendant la plaidoirie, l'un des juges dit à M. S... : « En droit maritime, la prescription est de six ans, n'est-ce pas ? »

M. S... s'arrêta, regarda fixement le juge, puis lâcha brusquement : « Votre Honneur, il n'y a pas de prescription dans la loi maritime. »

« Un lourd silence tomba sur la salle, raconta plus tard M. S..., et la température parut descendre à zéro. Le juge avait tort. Je le lui avais dit. Était-ce le moyen de l'influencer et de le rendre favorable à ma cause ? Non. Je reste convaincu que j'avais la loi pour moi, et j'ai plaidé mieux que jamais. Pourtant, je n'ai pas gagné le procès. J'avais commis la faute impardonnable de montrer son erreur à un illustre personnage. »

Bien rares sont les gens dont le jugement est parfaitement sain, objectif et lucide. La plupart d'entre nous sommes pleins de partialité. Notre raison est obscurcie par la jalousie, le soupçon, la crainte, l'envie et la vanité. Et puis beaucoup de gens détestent changer leurs opinions, qu'elles concernent leurs croyances religieuses, la marque de leur voiture, leurs acteurs favoris. C'est pourquoi, si, dans vos conversations, vous avez tendance à répéter à votre auditeur qu'il a tort, lisez le paragraphe suivant tous les matins, avant votre petit déjeuner. Il est extrait du livre du professeur James Harvey Robinson, *La Formation de l'esprit*.

Il nous arrive de modifier spontanément nos opinions sans effort et sans émotion. Mais, si l'on vient nous affirmer que nous sommes dans l'erreur, nous nous révoltons contre cette accusation et prenons instantanément une attitude défensive. C'est avec légèreté que nous formons nos convictions, mais il suffit qu'on menace de nous les arracher pour que nous nous prenions pour elles d'une passion farouche. Évidemment, ce ne sont pas tant nos idées que notre amour-propre que nous craignons de voir en danger… L'adjectif possessif « mon », « ma » est pour chacun le plus important de tous les mots, et tenir compte de cela c'est le commencement de la sagesse. Il possède la même force, qu'il s'agisse de « mon » dîner, « mon » chien, « ma » maison, ou de « mon » père, « mon » pays, « mon » Dieu. Nous nous insurgeons non seulement quand on nous dit que notre montre est laide, que notre voiture est inconfortable, mais aussi quand on insinue que notre conception des canaux de Mars, de la valeur médicinale du salicylate ou de la civilisation des Pharaons est erronée… Il nous plaît de continuer à vivre dans nos croyances. Si nous les voyons menacées, nous éprouvons une révolte qui nous pousse à chercher tous les arguments possibles pour les sauver. En somme, notre soi-disant raisonnement consiste à imaginer des excuses pour conserver les vieilles théories qui nous sont chères.

Carl Rogers, l'éminent psychologue, ne dit-il pas :
« J'attache une immense valeur au fait de pouvoir me permettre de comprendre l'autre. Ma formulation peut vous paraître étrange. Est-il nécessaire de se permettre de comprendre l'autre ? Je le crois. Plutôt que chercher à comprendre, nous jugeons, nous évaluons ce que l'autre dit. Quand quelqu'un exprime ses sentiments, ses croyances, notre réaction presque immédiate est de les juger par un "c'est juste", "c'est idiot", "ce n'est pas normal", "ce n'est pas raisonnable", "ce n'est pas juste" ou "ce n'est pas bien". Trop rarement nous nous permettons de comprendre précisément la signification que l'autre accorde à ce qu'il vient de dire. »

Je me souviens que j'avais chargé un décorateur de confectionner des rideaux et des tentures pour ma maison. Il fit ce que j'avais demandé mais, peu de temps après, m'adressa une facture dont le total me coupa le souffle.

Quelques jours plus tard, une amie vient me voir : elle regarde les tentures, dont, incidemment, j'indique le prix. Quand elle l'entend, elle s'exclame avec une note de triomphe dans la voix : « Quoi ? Mais c'est épouvantable ! Je crois bien qu'il vous a roulé. »

C'était exact. Mais nous n'aimons pas admettre les vérités qui nous sont désagréables. J'essaie de me défendre. Je fais observer à mon amie que la bonne qualité n'est jamais onéreuse, qu'on ne peut espérer avoir de la marchandise de luxe et une exécution artistique à des tarifs de « soldes », etc.

Le lendemain, une autre dame voit les tentures, les admire, enthousiasmée, et exprime le regret de ne pouvoir s'offrir pour son appartement d'aussi exquises créations. Ma réaction est, vous le devinez, totalement différente. Je réponds : « À vrai dire, moi non plus, je ne puis guère me permettre ce luxe. Elles sont beaucoup trop chères. Je n'aurais pas dû les commander. »

Quand nous avons tort, nous l'avouons à nous-même. Nous le confessons aussi à d'autres s'ils savent nous prendre avec toute la douceur et la diplomatie voulues, et nous nous flattons même de notre franchise et de notre courage. Mais il n'en est pas ainsi quand on essaie de nous faire admettre cette vérité désagréable.

Horace Greely, un éditeur célèbre pendant la guerre de Sécession, était en violent conflit avec la politique de Lincoln. Il menait contre lui une campagne de menaces, de critiques et de satires, espérant, par ce moyen, le faire adhérer à sa cause. Cela dura des mois, des années. D'ailleurs, on sait qu'il écrivit personnellement une diatribe cruelle et sarcastique contre le président Lincoln, le jour même où celui-ci fut assassiné par Booth.

Toutes ces attaques modifièrent-elles les opinions de Lincoln ? Pas du tout ! Les sarcasmes et les insultes convainquent rarement.

Si vous voulez vous perfectionner, si vous voulez mieux vous maîtriser et convaincre les autres, lisez l'autobiographie de Benjamin Franklin. C'est un récit passionnant. Dans ce livre, Franklin raconte comment il parvint à dominer son penchant détestable pour la critique et la controverse, et devint le plus parfait des diplomates de toute l'Histoire américaine.

Au temps où Franklin n'était encore qu'un adolescent fruste et maladroit, un vieil ami le prit à part et lui infligea pour son bien quelques vérités cinglantes. Voici à peu près ce qu'il lui dit :

« *Ben, tu es impossible. Tu es terriblement cassant avec ceux qui ne sont pas de ton avis ; tes contradictions sont pareilles à des soufflets. Aussi, tout le monde te fuit maintenant ; tes amis sont plus heureux quand tu n'es pas là. Tu en sais si long que personne ne peut plus rien t'apprendre. En vérité, nul n'essaiera jamais de t'enseigner quoi que ce soit, ce serait fatigue inutile. C'est pourquoi tu n'as guère de chances d'accroître tes connaissances présentes, qui, crois-moi, sont pourtant bien faibles.* »

La manière dont Franklin accepta ce cuisant reproche est remarquable. Cet être exceptionnel avait déjà suffisamment de sagesse pour comprendre qu'il était mérité, et pour prévoir les échecs qu'il se préparait. Il fit volte-face et s'efforça immédiatement de se corriger.

« Je me fis une règle, dit-il, d'éviter toute résistance ouverte aux opinions de mon interlocuteur ainsi que toute affirmation trop positive des miennes. Je m'interdis même l'usage des mots et expressions qui impliquaient une opinion définitive, tels que : "certainement", "indubitablement", etc., que je remplaçais par des locutions plus souples, comme : "Je conçois", "j'imagine", "je comprends", ou "je crois savoir que"… Désormais, quand une personne émettait devant moi un jugement erroné, je savais résister au plaisir de la contredire avec vivacité et de lui montrer l'absurdité de sa proposition. Je commençais, au contraire, par lui faire observer qu'en d'autres circonstances son assertion pourrait se trouver juste, mais que le cas présent était, me semblait-il, quelque peu différent, etc.

« Bientôt m'apparurent les avantages de cette nouvelle attitude. Mes entretiens avec mes semblables étaient plus agréables. Mes opinions, exprimées avec modestie, étaient acceptées plus promptement et souffraient moins d'opposition. En outre, je me sentais moins mortifié en cas d'erreur ; j'amenais aussi plus facilement mes interlocuteurs à abandonner leur point de vue pour adopter le mien lorsqu'il était juste.

« Cette tactique qui, au début, heurtait mon penchant naturel me devint par la suite si familière et si facile que personne n'a dû m'entendre émettre, au cours des cinquante dernières années, une expression dogmatique. À mon avis, c'est principalement à cette méthode (ainsi qu'à ma stricte probité) que je dus l'approbation de mes concitoyens quand je proposais de nouvelles institutions, ainsi que ma grande influence dans les assemblées publiques après mon élection... Car j'étais un piètre orateur, totalement dépourvu d'éloquence, hésitant, peu sûr de mon vocabulaire, et pourtant je parvenais à convaincre. »

La méthode de Benjamin Franklin donne-t-elle de bons résultats dans les rapports commerciaux ? Jugez-en : Katherine A. Allred, de Kings Mountain en Caroline du Nord, est contrôleur technique dans une filature. Lors d'une séance de notre Entraînement à la communication et au leadership, elle a raconté comment elle avait résolu un problème délicat.

« Je suis responsable de la mise en place et de l'entretien de systèmes et de normes qui encouragent nos ouvrières à gagner plus d'argent en produisant plus de fil. Le système que nous utilisions avait bien fonctionné tant que nous ne produisions que deux ou trois sortes de fils. Mais nous avons récemment étendu notre gamme à plus d'une douzaine de variétés. Notre système ne nous suffisait plus pour rémunérer nos ouvrières en fonction du travail accompli, ni pour les motiver à augmenter la production. J'ai donc élaboré un nouveau système de rémunération selon le type de fil travaillé à un moment donné. J'arrivai à la réunion, bien déterminée à prouver à la direction que mon programme était une juste approche du problème. Je leur démontrai qu'ils avaient été injustes envers les ouvrières et que je détenais la solution. Le moins que je puisse dire, c'est que j'échouai lamentablement ! J'avais été si occupée à défendre mon nouveau programme que je ne leur avais pas laissé la moindre chance de reconnaître de bonne grâce que l'ancien leur posait des problèmes. C'était l'impasse.

« Après plusieurs séances d'Entraînement, je compris mon erreur. Je provoquai une autre réunion et, cette fois-ci, demandai aux membres de la direction ce qui, selon eux, n'allait pas. Nous discutâmes chaque point et je leur demandai leur avis sur la meilleure manière de s'y prendre. En me contentant de faire quelques suggestions modérées aux moments opportuns, je les laissai mettre au point eux-mêmes ce qui, en fait, était mon programme. Lorsque, à la fin de la réunion, je le leur présentai effectivement, ils l'acceptèrent avec enthousiasme.

« Je suis parfaitement convaincue maintenant qu'on ne gagne rien à faire ressortir les erreurs des autres. Au contraire, on porte préjudice à la personne à qui l'on prouve sans ambages qu'elle a tort. On ne réussit qu'à la dépouiller de sa dignité et on se rend soi-même importun. »

Prenons un autre exemple… et rappelez-vous que ces cas que je cite sont typiques de milliers d'expériences similaires. R. V. Crowley était vendeur pour une compagnie de bois de charpente à New York. Crowley admettait avoir pendant des années expliqué à des inspecteurs pourtant expérimentés qu'ils se trompaient, faisant souvent triompher son point de vue. Mais cela ne servait à rien. « Car ces inspecteurs, disait Crowley, sont comme les arbitres de baseball. Une fois qu'ils ont pris une décision, ils n'en changent plus. »

Malgré toutes ces discussions dont il sortait vainqueur, sa firme perdait des milliers de dollars. Il a donc décidé de changer de tactique et d'abandonner cette rhétorique. Pour quels résultats ? Voici l'histoire telle qu'il la raconte :

« Un matin, le téléphone a sonné dans mon bureau. Un interlocuteur furieux et agacé au bout du fil s'est mis à m'expliquer qu'il n'était pas du tout satisfait de notre livraison. Au point qu'ils avaient cessé de décharger le camion et exigeaient que nous venions récupérer le stock qui encombrait leur cour. Après examen d'environ un quart du lot, la personne chez eux chargée de l'inspection avait déclaré que le bois était d'une qualité très inférieure à celle attendue. Dans ces circonstances, ils ne pouvaient l'accepter.

« Je me suis immédiatement rendu sur leur site. En chemin, je me suis mis à réfléchir à la meilleure manière d'aborder la situation. En temps normal, et dans de telles circonstances, j'aurais cité les critères d'évaluation de la qualité du bois et tenté, au regard de ma propre expérience, de convaincre cet inspecteur que notre lot les respectait parfaitement, qu'il s'était trompé dans son appréciation. Cependant, je me suis dit qu'il serait plus judicieux d'appliquer les principes appris lors de cette formation.

« En arrivant sur le site, j'ai trouvé le responsable des achats et l'inspecteur de fort mauvaise humeur et bien décidés à me faire part de leur colère. Nous avons rejoint le camion contenant le lot et j'ai demandé qu'ils continuent à le décharger de façon à voir comment les choses se passaient. J'ai aussi demandé à l'inspecteur de continuer son tri : les pièces qu'il jugeait défectueuses d'un côté, les bonnes de l'autre.

« Après l'avoir observé un moment, il m'est apparu que son examen était bien trop strict et qu'il utilisait des critères bien trop rigoureux. Ce chargement était du pin blanc et cet inspecteur, je le savais déjà, était spécialiste des bois durs : il n'avait aucune compétence, ni expérience, quant au pin blanc. Il se trouvait que le pin blanc était mon point fort, mais ai-je protesté devant sa manière de procéder ? Pas du tout. J'ai continué à observer tout en posant graduellement de plus en plus de questions sur les raisons qui faisaient que certaines pièces lui paraissaient défectueuses. Pas une seule fois, je n'ai insinué qu'il se trompait. Je soulignais le fait que mes questions n'avaient pour but que de leur fournir dorénavant exactement la qualité qu'ils désiraient.

« L'interroger de façon très amicale, dans un esprit d'ouverture, et en insistant continuellement sur le fait qu'ils avaient raison d'écarter les planches selon eux imparfaites, a permis de réchauffer nos relations. Son attitude très conflictuelle a changé et a fini par disparaître. Quelques remarques très prudentes de ma part ont donné naissance dans son esprit à la constatation que certaines pièces écartées obéissaient peut-être aux recommandations qu'ils avaient exprimées lors de leur commande et que leurs exigences actuelles menaient à un bois beaucoup plus cher. Je veillais cependant à ne pas le laisser croire que cet argument était essentiel pour moi.

« Petit à petit, son attitude a changé du tout au tout. Il a finalement admis qu'il n'avait aucune expérience quant au pin blanc et a commencé à me poser des questions sur chaque bout de bois qui sortait du camion. Je lui expliquais pourquoi chacun d'entre eux respectait les critères de qualité spécifiés, tout en continuant à affirmer que nous ne voulions pas qu'il les accepte s'ils ne correspondaient pas à leur projet. Il en est finalement arrivé au point où il se sentait coupable chaque fois qu'il faisait placer une pièce dans la mauvaise pile. Il a fini par admettre que l'erreur était la leur pour ne pas avoir spécifié avec davantage de précision la qualité dont ils avaient besoin.

« En fin de compte, après mon départ, il a de son propre chef réexaminé tout le lot que nous lui avions envoyé et l'a accepté. Ils nous l'ont payé rubis sur l'ongle.

« Dans ce cas précis, un peu de tact, et la détermination à ne pas dire à l'autre qu'il se trompait ont permis à ma compagnie d'éviter une lourde perte financière, sans compter qu'il serait difficile d'attribuer une quelconque valeur monétaire à la bonne volonté qui désormais unissait nos deux firmes. »

D'ailleurs, je ne révèle ici rien de nouveau. Il y a vingt siècles, Jésus-Christ disait : « Sois prompt à partager l'avis de ton adversaire. »

En d'autres termes : ne discutez pas avec votre interlocuteur, qu'il soit votre client, votre conjoint ou votre ennemi. Ne lui montrez pas qu'il se trompe, ne l'irritez pas, usez au contraire de diplomatie.

Deux mille deux cents ans avant la venue du Christ, le vieux roi Akhtoi d'Égypte donnait à son fils quelques conseils dont nous aurions grand besoin aujourd'hui.

Il lui glissait à l'oreille : « Sois diplomate ; tu parviendras plus aisément à tes fins. »

► PRINCIPE 11 ◄

Respectez les opinions de votre interlocuteur.
Ne lui dites jamais qu'il a tort.

CHAPITRE 12

Que faire quand vous avez tort ?

J'habite dans la banlieue, tout près de New York. Pourtant, à une minute de ma maison, se trouve un coin de forêt sauvage où les buissons de ronces se couvrent au printemps d'une écume de fleurs blanches, où les écureuils nichent et élèvent leurs petits, et où les asters poussent aussi haut que la tête d'un cheval. Ce lieu se nomme Forest Park… J'aime à m'y promener en compagnie de Rex, mon petit bouledogue. C'est un bon chien, affectueux et inoffensif, et, comme nous ne rencontrons presque jamais personne, je lui permets de vagabonder librement.

Un jour, nous croisons un gendarme à cheval, un gendarme qui brûle d'envie de montrer son autorité.

« Pourquoi laissez-vous cette bête courir dans le parc sans laisse ni muselière ? me dit-il sur un ton sec. Vous ne savez pas que c'est défendu ?

— Si, je le sais, répliqué-je avec douceur, mais je ne pense pas que mon chien pourrait faire du mal ici.

— Vous ne *pensez* pas ! La loi se moque de ce que vous *pensez* ! Cette bête-là est capable de tuer un écureuil ou de mordre un enfant… Enfin ! je vous laisse pour cette fois, mais, si je retrouve encore ce chien ici en liberté, je serais obligé de vous dresser procès-verbal. »

Docilement, je promets d'obéir.

Et je tiens parole… pendant quelques jours. Mais Rex n'aime pas la muselière, et nous décidons de tenter notre chance. Tout va bien pendant un certain temps. Puis, un après-midi, après avoir escaladé une crête, je vois soudain, à mon grand émoi, la majesté de la loi en la personne de mon gendarme monté sur son cheval. Et Rex qui fonce en avant, droit sur l'homme !

Je suis pris. Je le sais. C'est pourquoi je n'attends pas que le policier m'interpelle. Je me hâte de présenter mes excuses le premier. Je dis :

« Monsieur, vous me prenez sur le fait. C'est ma faute. Je n'ai pas d'excuse. Vous m'aviez prévenu la semaine dernière que, si je ramenais mon chien ici sans muselière, vous m'infligeriez une amende. »

Le gendarme répond sur un ton modéré :

« Oui… bien sûr… Mais je sais ce que c'est. On est tenté quelquefois de laisser un petit chien comme celui-ci courir un peu quand il n'y a personne aux alentours.

— On est tenté… oui, mais tout de même, c'est défendu, rétorqué-je.

— Oh ! je ne crois pas qu'une petite bête comme ça fasse du mal à quelqu'un », observe le gendarme.

J'insiste : « Non, mais il pourrait étrangler des écureuils !

— Écoutez, reprend à son tour le gendarme, il ne faut pas non plus prendre les choses trop sérieusement. Tenez, voilà ce que vous allez faire. Vous allez laisser votre chien se sauver là-bas, de l'autre côté, pour que je ne le voie pas… Et puis, n'en parlons plus ! »

Ce gendarme n'était qu'un homme, après tout ; il voulait affirmer son importance. Aussi, quand je m'accusai, la seule façon qui lui restait de garder sa propre estime, c'était de prendre une attitude magnanime.

Mais supposons que j'aie tenté de me justifier ; que serait-il arrivé ? Une discussion. Et vous savez comment elles finissent.

Au lieu de le contredire, j'ai reconnu qu'il avait parfaitement raison et que j'avais absolument tort. Je l'ai admis promptement, ouvertement et de bon cœur. L'affaire s'est terminée gracieusement, moi prenant son parti et lui prenant le mien. Lord Chesterfield lui-même n'aurait pu être plus aimable que ce gendarme.

Quand nous savons que nous méritons une remontrance, **ne vaut-il pas mieux prendre les devants courageusement et faire notre *mea culpa*** ? Le blâme que nous nous infligeons n'est-il pas plus acceptable que l'accusation lancée par une bouche étrangère ?

Hâtez-vous de dire de vous-même toutes les choses déplaisantes que l'autre personne allait exprimer.

Dites-les avant elle et vous la désarmerez. Il y a quatre-vingt-dix-neuf chances sur cent pour qu'elle adopte alors une attitude généreuse et clémente, et qu'elle ferme les yeux sur vos fautes, tout comme le gendarme de Forest Park.

Ferdinand E. Warren, dessinateur en publicité, a utilisé la même tactique pour garder la faveur d'un client irascible.

« Dans notre métier, dit-il, il faut être très précis et très ponctuel. Certains éditeurs exigent que leurs commandes soient exécutées immédiatement et, dans ces conditions, on est excusable de faire parfois quelques petites erreurs. J'en connaissais un, en particulier, qui était toujours ravi de découvrir quelque détail à critiquer. Je l'ai souvent quitté, dégoûté non pas tant de ses critiques que de la manière dont elles étaient formulées. Récemment, je lui ai livré un travail très urgent. Il me téléphone en me priant de passer le voir : j'avais fait une faute, disait-il. Je cours chez lui et vois exactement ce que je redoutais : un homme hostile, savourant déjà le plaisir de trouver matière à critique. Il s'emporte, me demandant pourquoi j'avais fait telle et telle chose.

« Le moment est venu pour moi d'appliquer les principes que j'étudie. Je réponds : “Monsieur, si votre reproche est fondé, je suis coupable et rien ne peut excuser mon erreur. Depuis le temps que je travaille pour vous, je devrais être capable de vous contenter. Je suis honteux.”

« Instantanément, il se met à me chercher des excuses : “C’est vrai… mais, après tout, ce n’est pas une faute bien grave, ce n’est que…”

« Je l’interromps : “Toutes les erreurs peuvent avoir de graves conséquences. De plus, elles sont irritantes.”

« Il veut placer une parole, mais je ne le laisse pas faire. Je m’amuse énormément. Pour la première fois de ma vie, je m’accuse moi-même et ce n’est pas déplaisant.

« Je poursuis : “J’aurais dû faire attention. Vous me passez beaucoup de commandes et vous méritez d’être bien servi. Je vais refaire tout ce dessin.

« — Non ! Non ! proteste-t-il, jamais je ne voudrais vous obliger à cela.” Il loue mon travail, m’assure qu’il ne désirait qu’une légère modification, que la petite erreur que j’ai commise n’a pas entraîné de perte d’argent, et qu’après tout ce n’est qu’un détail… un détail sans importance.

« Mon empressement à m’accuser l’a complètement désarmé. En fin de compte, il m’invite à déjeuner, puis me remet une autre commande. »

Avoir le courage de reconnaître ses torts procure une certaine satisfaction. Si cela soulage du sentiment de culpabilité, cela permet aussi souvent de résoudre le problème créé par nos erreurs.

Bruce Harvey d’Albuquerque, au Nouveau-Mexique, après avoir autorisé à tort le paiement de son salaire à un employé en congé de maladie, s'aperçoit de son erreur, en avise l'employé et lui explique que, pour compenser, il devra déduire de son prochain salaire la totalité du trop-perçu. L'employé lui fait remarquer que cela va lui créer des difficultés financières et lui demande d'échelonner le remboursement. Harvey réplique qu'il lui faut l'accord de son supérieur. Il nous raconte : « Je sais que cela aura pour effet de mettre le patron hors de lui. En réfléchissant à la manière de régler au mieux ce problème, je me rends compte que tout vient de ma faute et que je dois l'admettre devant mon patron.

« J'entre dans son bureau, lui annonce que j'ai commis une erreur et la lui explique clairement. Il réplique violemment que c'est la faute du service du personnel. Je répète que c'est une erreur de ma part. Il s'en prend alors au service comptable. Je plaide à nouveau coupable. Il accuse alors deux autres membres du personnel. Mais je répète chaque fois que je suis le seul responsable. Finalement, il me regarde et me dit : "D'accord, c'est votre faute. Alors débrouillez-vous." Le problème est réglé et personne n'en subit les conséquences. J'éprouve un sentiment de fierté parce que j'ai été capable de mettre fin à une situation délicate sans avoir recours à des alibis. Et, depuis cet incident, mon patron n'en a que plus de respect pour moi. »

Admettre une faute n'est jamais facile, mais c'est bien plus dur encore face aux personnes qui comptent le plus pour nous… celles que nous aimons. Depuis l'ère des pharaons, l'incapacité à reconnaître ses erreurs a détruit des mariages, déchiré des familles. Triompher de la fierté est un combat que la plupart d'entre nous ont mené, mais imaginez la difficulté si vous deviez aussi remettre en question des « vérités » auxquelles vous avez toujours cru dur comme fer.

Michael Cheung, animateur de nos stages de communication et de relations humaines à Hong Kong, nous a expliqué comment la culture chinoise se heurte parfois à l'application des principes de notre Entraînement, et comment il est cependant préférable, parfois, d'appliquer lesdits principes plutôt que de maintenir à tout prix une tradition ancestrale. Il avait dans un stage un participant que son fils avait cessé de fréquenter depuis plusieurs années. Le père s'était longtemps adonné à la drogue, puis avait réussi à se désintoxiquer totalement. Dans la tradition chinoise, le plus âgé ne peut pas faire le premier pas. Le père estimait que c'était à son fils de prendre l'initiative de la réconciliation.

Dans une des premières séances, il avait parlé de ses petits-enfants qu'il n'avait jamais vus et il avait dit combien il désirait se réconcilier avec son fils. Les participants de son groupe, tous chinois, comprirent le conflit entre son désir et le respect d'une longue tradition. Le père était convaincu que les jeunes devaient le respect à leurs aînés et qu'il avait raison d'attendre que son fils vienne vers lui.

Vers la fin de l'Entraînement, le père s'adressa à nouveau au groupe. « J'ai réfléchi à ce problème, expliqua-t-il. Dale Carnegie dit : “Si vous avez tort, admettez-le promptement et énergiquement.” Il est trop tard pour que je l'admette promptement, mais je peux encore l'admettre énergiquement. J'ai été injuste envers mon fils. Il avait raison de refuser de me voir. Il se peut que je perde la face en demandant le pardon d'un plus jeune, mais j'étais en tort et ma responsabilité est de l'admettre. »

Les autres participants applaudirent et lui accordèrent leur soutien sans condition. À la séance suivante, il raconta comment il était allé chez son fils et comment il avait demandé et reçu le pardon. Puis il expliqua qu'il entretenait maintenant des relations nouvelles avec son fils et qu'il avait enfin rencontré sa belle-fille et ses petits-enfants.

Elbert Hubbard était un chroniqueur des plus originaux ; ses écrits cinglants suscitaient parfois de vives rancunes, mais, grâce à son habileté, il arrivait souvent à transformer ses adversaires en amis.

Par exemple, quand un lecteur en colère lui écrivait pour protester qu'il n'était pas du tout d'accord avec son dernier article et terminait en le traitant de noms peu flatteurs, il répondait par la note suivante :

« À bien réfléchir, je ne suis pas complètement d'accord moi-même avec cet article. Tout ce que j'ai écrit hier ne me plaît pas nécessairement aujourd'hui.

Je suis heureux de connaître votre opinion sur ce sujet. La prochaine fois que vous passerez dans le voisinage, venez donc me rendre une visite, nous pourrons discuter cette question à loisir. »

Que pouvez-vous rétorquer à un homme qui vous parle de cette manière ?

Quand nous sommes sûrs d'avoir raison, efforçons-nous avec tact et douceur de faire partager notre opinion. Mais quand nous sommes dans notre tort – ce qui se produit avec une fréquence étonnante, si nous avons la franchise de l'admettre –, reconnaissons notre erreur promptement et de bon cœur. Non seulement nous constaterons des résultats surprenants, mais encore ce sera beaucoup plus amusant que d'essayer de nous défendre.

Retenons bien ceci :

« On obtient peu en s'opposant,
Bien davantage en concédant. »

► PRINCIPE 12 ◄

Si vous avez tort,
admettez-le vite et avec vigueur.

CHAPITRE 13

C'est par le cœur qu'on parvient à l'esprit

Quand vous êtes en proie à la colère, vous éprouvez un grand soulagement à laisser libre cours à votre fureur devant votre adversaire… Mais lui, qu'éprouve-t-il pendant ce temps ? Partage-t-il votre plaisir ? Vos accents agressifs, votre attitude hostile l'engagent-ils à se mettre d'accord avec vous ?

« Si vous venez à moi les poings serrés, disait Woodrow Wilson, je puis vous assurer que mes poings à moi se fermeront aussi vite. Mais si vous me dites : asseyons-nous et causons, puisque nos opinions sont différentes, tâchons de comprendre la cause de leur divergence ; si vous me dites cela, nous découvrirons bientôt que nous ne sommes pas si éloignés l'un de l'autre après tout ; nous verrons que les points qui nous séparent sont rares, tandis que ceux qui nous rapprochent sont nombreux, et que, si nous avons le désir sincère et la patience de nous mettre d'accord, nous y parviendrons. »

Si le cœur d'un homme déborde de rancœur et de ressentiment à votre égard, toute la logique du monde ne le convaincra pas de se rallier à votre point de vue. Beaucoup de parents stricts, de patrons autoritaires, de conjoints acariâtres devraient réaliser que les gens ne veulent pas changer d'avis. On ne peut les forcer, ni les obliger à être d'accord avec vous ou moi. Mais on peut peut-être les y amener en nous montrant gentils et amicaux, vraiment gentils et vraiment amicaux.

Il y a plus d'un siècle, Lincoln disait :

Une vieille et sage maxime nous assure qu'« une goutte de miel attrape plus de mouches qu'une pinte de fiel ». Cela est vrai aussi pour les humains. Si vous voulez rallier un homme à votre cause, persuadez-le d'abord que vous êtes son ami. Ce sera la goutte de miel qui touchera son cœur, et c'est par le cœur qu'on parvient à l'esprit.

Les chefs d'entreprise savent qu'ils ont tout intérêt à se montrer bienveillants à l'égard des grévistes. Ainsi, lorsque deux mille cinq cents ouvriers de la White Motor Company se mirent en grève pour obtenir une augmentation de salaire et le droit de se syndiquer, le président de la compagnie, M. Robert F. Black, se garda de se fâcher, de menacer, et de parler de tyrannie. Il fit mieux : il flatta les révoltés. Dans un journal de Cleveland, il les félicita sur leur attitude pacifique. Ayant observé l'oisiveté des grévistes, il leur offrit une douzaine de battes de base-ball, des gants, et les engagea à faire quelques parties. Aux boulistes, il procura des boules.

La bonté du président Black fit ce que la bonté accomplit toujours : elle stimula les bonnes volontés. Les grévistes empruntèrent des balais, des pelles et des charrettes, et se mirent à nettoyer les abords de l'usine, ramassant les papiers, les allumettes et les mégots qui jonchaient le sol. Imaginez cela ! Les ouvriers nettoyant le terrain de l'usine tout en livrant bataille pour leurs revendications. On n'avait jamais vu chose pareille. Au bout d'une semaine, un accord intervint entre les patrons et les travailleurs, et la grève prit fin dans un sentiment de détente générale.

Daniel Webster était l'un des avocats les plus recherchés de son temps. Il ne manquait jamais d'accompagner ses arguments les plus puissants de phrases courtoises et lénifiantes dans le genre : « Il revient au jury d'apprécier… » « Messieurs, ceci mérite peut-être réflexion… » « Voici quelques faits que vous ne perdrez pas de vue, j'espère… » « Avec votre connaissance du cœur humain, vous saisirez aisément la signification de ces actes… ! » Pas de brutalité, nul effort pour imposer ses opinions. Webster interpellait son auditoire sur un ton doux, mesuré, amical, qui fit son renom.

Nous n'aurons peut-être jamais l'occasion d'arbitrer une grève ni de convaincre un jury, mais il est d'autres circonstances où le principe ci-dessus pourra nous être utile. Qui sait si nous ne nous trouverons pas un jour dans la situation de M. Straub qui désirait obtenir de son propriétaire une diminution de loyer.

M. Straub, participant à notre Entraînement, raconta ainsi son histoire :

« J'écrivis au propriétaire pour lui annoncer que je quitterais mon appartement à l'expiration du bail. En réalité, je n'avais pas du tout l'intention de partir, mais je comptais que la menace de ce congé le déciderait peut-être à m'accorder la réduction demandée. Toutefois, j'avais peu d'espoir de réussir ; d'autres locataires avaient fait la même tentative que moi et avaient échoué ; ils m'assuraient que cet homme était intraitable. Je me dis : voici le moment de mettre à profit l'art auquel je suis en train de m'entraîner.

« Dès réception de ma lettre, le propriétaire se présenta chez moi, accompagné de son secrétaire. J'allai l'accueillir à la porte avec un large sourire. Je me gardai de commencer par me plaindre du loyer. Je parlai d'abord du charme de mon appartement ; je dis qu'il me plaisait beaucoup ; croyez-moi, je ne ménageai pas les compliments. Je le félicitai sur la manière dont il gérait son immeuble et je conclus en disant que j'aimerais beaucoup y rester une année encore, mais que mes moyens ne me le permettaient pas.

« Manifestement, le propriétaire n'avait jamais entendu pareil discours dans la bouche d'aucun de ses locataires. Il ne savait qu'en penser.

« Il se mit alors à me confier ses ennuis. Toujours des réclamations de ses locataires ! L'un d'eux lui avait adressé quatorze lettres, dont certaines étaient franchement insultantes. Un autre le menaçait de partir s'il ne trouvait le moyen d'empêcher le voisin du dessus de ronfler la nuit ! Quel plaisir, me dit-il, de trouver une personne comme vous. Là-dedans, sans même que je l'en prie, il me proposa de réduire un peu mon loyer. Je citai un chiffre sensiblement plus bas que le sien… Il accepta sans discussion.

« Si j'avais employé la même méthode que les autres pour arriver à mes fins, je suis certain que j'aurais échoué comme eux. Si je réussis, ce fut grâce à mon attitude bienveillante, cordiale et compréhensive. »

Dean Woodcock, de Pittsburgh en Pennsylvanie, est chef de service à la compagnie électrique régionale. On fait appel à lui pour réparer une installation au sommet d'un poteau électrique. Ce genre de travail était exécuté autrefois par un service différent et n'avait été que très récemment transféré à la section de Woodcock. Bien que son personnel ait reçu une formation adéquate, c'était la première fois qu'on faisait appel à eux pour une telle réparation. Tous les membres de la compagnie désiraient voir s'ils allaient réussir et comment ils s'y prendraient. M. Woodcock, quelques-uns de ses subordonnés et d'autres membres de ce service public vinrent assister à l'opération. Il y avait là des voitures et des camions en grand nombre, et beaucoup de gens s'étaient réunis pour observer les deux hommes en haut du poteau.

Jetant un regard circulaire, Woodcock remarque un homme qui sort de sa voiture, avec un appareil photo, et qui prend des photos de la scène. Comme le service d'entretien est extrêmement soucieux de son image de marque auprès du public, Woodcock comprend tout à coup que ce spectacle peut signifier que des douzaines de personnes sont réquisitionnées là où deux suffiraient. Il se dirige vers lui. « Je vois que vous vous intéressez à notre opération.

— Oui, et ma mère va s'y intéresser encore plus. Elle possède des actions dans votre compagnie. Ceci va lui ouvrir les yeux. Il se peut même qu'elle estime avoir fait un mauvais investissement. Je lui répète depuis des années que les compagnies comme la vôtre ont l'habitude du gaspillage. En voilà la preuve. Il se pourrait aussi que ces photos intéressent les journaux.

— C'est en effet ce que l'on pourrait croire et, à votre place, c'est exactement ce que je penserais. Mais il s'agit là d'une situation exceptionnelle… » et Dean Woodcock se met à lui expliquer que c'est le premier travail de ce genre que son service exécute et que tous, de la direction aux employés, s'y intéressent. Bien entendu, dans des conditions normales, on n'aurait envoyé que deux personnes… L'homme range son appareil, serre la main de Woodcock et le remercie d'avoir pris le temps de lui expliquer la situation.

L'attitude compréhensive de Dean Woodcock a épargné à sa compagnie beaucoup d'ennuis et une mauvaise presse.

Un autre de nos participants, Gerald H. Winn, de Littleton dans le New Hampshire, raconte comment, en commençant amicalement, il a abouti à une conclusion heureuse lors d'une demande de dommages et intérêts.

« Au début du printemps, avant le dégel, une pluie torrentielle s'était abattue sur la région ; l'eau, qui aurait dû normalement s'écouler le long de la route par les rigoles et les bouches d'égout, prit une autre voie et se dirigea vers un lotissement auquel je venais d'ajouter une nouvelle maison.

« Comme l'eau ne pouvait pas s'écouler, la pression s'accumula autour des fondations de cette maison et l'eau s'infiltra dans le sous-sol en béton. Le béton céda et le sous-sol fut inondé, ce qui détériora la chaudière et le chauffe-eau. Je n'avais aucune assurance couvrant ce genre de dégâts.

« Cependant, je découvris bientôt que le propriétaire avait négligé d'installer une bouche d'égout près de la maison, ce qui nous aurait évité tous ces ennuis. Je prends rendez-vous avec lui. En parcourant les quarante kilomètres qui me séparent de son bureau, je passe soigneusement en revue la situation et, me souvenant des principes que j'assimile dans votre Entraînement, je comprends que cela ne servirait à rien de me mettre en colère. Je garde donc mon calme et me mets à lui parler de ses vacances aux Antilles. Puis, au moment propice, je lui signale le “petit” problème causé par les dégâts des eaux. Il reconnaît sa part de responsabilité.

« Quelques jours plus tard, il m'appelle, me dit qu'il est prêt à payer les dégâts en totalité, et qu'il installera une bouche d'égout pour que pareil incident ne se reproduise plus à l'avenir.

« Malgré la négligence du propriétaire, si je n'avais pas commencé de cette manière, il aurait été extrêmement difficile de lui faire admettre son entière responsabilité dans l'affaire. »

Il y a bien longtemps, alors que je n'étais encore qu'un enfant courant à travers les bois vers l'école, dans mon Missouri natal, je lus un jour une fable sur le soleil et le vent. Ceux-ci se disputaient pour savoir qui était le plus fort. Le vent dit : « Je vais te prouver que c'est moi. Tu vois ce vieillard là-bas ? Je parie que je vais lui faire ôter son manteau plus vite que tu ne pourrais le faire. » Sur quoi, le soleil disparut derrière un nuage et le vent se mit à souffler en ouragan. Mais plus il soufflait fort, et plus l'homme serrait sa pelisse autour de lui.

Finalement, le vent se lassa et tomba. Alors, le soleil sortit de derrière son nuage et sourit doucement au voyageur. Bientôt celui-ci sentit sa chaleur, s'essuya le front et ôta son manteau. Le soleil fit alors observer au vent que la douceur et la bonté sont toujours plus forts que la violence et la fureur.

Ceux qui ont observé qu'une goutte de miel attrape plus de mouches qu'une pinte de fiel font preuve, jour après jour, de gentillesse et d'amitié. F. Gale Connor, de Lutherville dans le Maryland, appliqua ce principe quand il dut donner à réviser pour la troisième fois une voiture qu'il avait achetée quatre mois auparavant.

« Je me rends dans le hall d'exposition et demande à voir le concessionnaire, M. White. Au bout de quelques minutes, on m'introduit dans son bureau. Je me présente et lui explique que j'ai acheté ma voiture chez lui parce qu'il m'a été chaudement recommandé par des amis. Je lui déclare que ses prix sont très compétitifs et son service commercial remarquable. Il m'écoute, visiblement satisfait. Je lui explique alors le problème que j'ai avec le service après-vente. J'ai pensé que vous aimeriez être au courant de tout ce qui pourrait ternir votre réputation, ajouté-je. Il me remercie de lui avoir signalé ce problème et m'assure qu'il s'en occupera. Et non seulement il s'en est occupé personnellement, mais il m'a même prêté une voiture le temps que la mienne soit réparée. »

Ésope, l'esclave grec, composait ses fables immortelles six cents ans avant Jésus-Christ. Pourtant, ses enseignements sont aussi précieux aujourd'hui qu'il y a vingt-cinq siècles à Athènes. Le soleil réussira mieux que le vent à vous faire ôter votre manteau ;

la douceur, les bonnes paroles influenceront plus vite votre entourage que toute la colère et tout le tapage du monde.

Rappelez-vous la phrase de Lincoln : « Une goutte de miel attrape plus de mouches qu'une pinte de fiel. »

► Principe 13 ◄

Commencez de façon amicale.

CHAPITRE 14

Le secret de Socrate

Quand vous voulez convaincre votre auditeur, évitez, dès le début de la conversation, de soulever les questions sur lesquelles vous et lui ne vous entendez pas. Appliquez-vous, au contraire, jusqu'à la fin, à souligner les points sur lesquels vous êtes tous les deux du même avis. Autant que possible, montrez que vous travaillez au même but, et que vous différez seulement quant aux moyens d'y parvenir.

Tâchez d'amener cette personne à dire : « Oui, oui » le plus tôt possible. Faites qu'elle n'ait pas à prononcer de « non ».

Le professeur Overstreet, dans son livre *L'Art d'influencer la conduite humaine*, déclare : « Une réponse négative est un obstacle difficile à surmonter. Quand une personne a dit "non", tout son orgueil exige qu'elle garde une attitude constante, qu'elle continue à dire "non". Comprend-elle plus tard que ce "non" était injustifié ? Tant pis ! Elle ne peut se rétracter : elle doit ménager avant tout son précieux amour-propre. Voilà pourquoi il est extrêmement important de lancer, dès le début, votre interlocuteur dans la bonne direction : celle des acquiescements. »

Ces réponses affirmatives entraînent la pensée de votre interlocuteur sur une pente favorable. Le phénomène rappelle le mouvement de la boule de billard : une fois lancée, celle-ci ne peut être déviée de sa route que par une notable résistance, et il faudrait une force bien plus grande pour la rejeter en arrière.

« Quand une personne dit “non” sincèrement, avec conviction, elle fait plus qu’articuler un mot de trois lettres. Tout son organisme – ses glandes, ses nerfs, ses muscles – se contracte en une attitude de refus. On observe à un degré généralement faible, mais parfois perceptible, une sorte de rétraction physique. Tout l’être est sur la défensive, tout le système neuro-musculaire se met en garde contre le consentement.

« Au contraire, quand la personne dit “oui”, son organisme prend une attitude réceptive, consentante. Par conséquent, plus nous parviendrons à conquérir de “oui” et mieux nous réussirons à mettre notre auditeur dans une humeur favorable à notre proposition. »

N’est-ce pas une technique bien simple que celle-ci : poser des questions qui amènent irrésistiblement une réponse affirmative ? Et, pourtant, combien elle est négligée ! On croirait que les gens fortifient en eux le sentiment de leur importance en irritant les autres.

Si, par malheur, vous avez, dès le début de l'entretien, provoqué un « non » de la part de votre enfant, de votre client, de votre collaborateur ou de votre conjoint, il vous faudra ensuite la sagesse et la patience d'un ange pour transformer cette négation en affirmation.

C'est par cette méthode des « acquiescements préparatoires », si je puis dire, que M. James Eberson, employé de banque, évita à sa maison la perte d'un client.

« J'avais remis, dit-il, à un monsieur qui désirait ouvrir un compte à notre banque le formulaire d'usage à remplir. Il répondit à quelques-unes des questions, puis refusa tout net de répondre aux autres.

« Avant d'avoir étudié les relations humaines, j'aurais fait observer à ce futur client que, s'il ne fournissait pas les renseignements désirés, nous ne pourrions accepter son dépôt... D'ailleurs, je me souviens, à ma grande honte, d'avoir jadis commis pareille faute ; naturellement, j'avais pris un certain plaisir à formuler cet ultimatum : j'avais prouvé que j'étais le maître et qu'on ne badinait pas avec les règlements de ma société ! Malheureusement, je ne m'étais guère soucié de ce que pensait le client, qui était en droit d'attendre un accueil plus flatteur de la banque à laquelle il venait déposer ses fonds.

« Ce jour-là, je résolus d'agir avec un peu plus de bon sens : j'allais éviter de penser à ce que nous voulions, nous, pour me concentrer sur les désirs du client, et, par-dessus tout, lui faire dire : “Oui, oui” dès le début. En conséquence, je déclarai que les détails qu’il refusait d’inscrire n’étaient pas absolument nécessaires.

« — Cependant, continuai-je, supposons que vous veniez à disparaître subitement en laissant des fonds à votre banque, n’aimeriez-vous pas savoir cet argent transféré à votre parent le plus proche ?

« — Mais, si, certainement, admit-il.

« — Dans ces conditions, ne croyez-vous pas qu’il serait prudent de nous indiquer le nom de ce parent pour nous permettre, en cas de malheur, d’exécuter vos désirs sans erreur ni retard ?

« Là aussi il dit “oui”.

« Peu à peu il s’adoucit, en voyant que nous lui demandions ces renseignements dans son propre intérêt. Non seulement il fournit tous les détails désirés, mais encore, sur mon conseil, il nous confia la gestion de son portefeuille.

« En lui faisant dire : “Oui, oui” dès le commencement, je lui avais fait oublier le but initial de notre discussion et je l’avais amené à faire de bon cœur tout ce que je lui demandais. »

« Depuis bien longtemps, nous confiait Joseph Allison, représentant de la société Westinghouse, j’essayais vainement d’entrer chez un gros client potentiel. Enfin, après treize années d’efforts et de visites répétées, je parviens à ébranler la résistance du directeur technique et à lui vendre quelques moteurs.

« — Si ces machines donnent satisfaction, je sais qu'il y aura par la suite une nouvelle commande de sept cents moteurs, dit-il.

« Je suis absolument certain que nos mécaniques sont parfaites. Aussi, lorsque je me présente chez mon client trois semaines plus tard, j'ai le sourire…

« Mais ce sourire disparaît bientôt de mon visage, car le directeur m'accueille par cette annonce renversante :

« — Allison, je ne puis vous acheter le reste des moteurs.

« — Mais pourquoi ? demandai-je stupéfait. Pourquoi ?

« — Parce qu'ils chauffent trop, on se brûle la main en les touchant.

« Je sais qu'il serait vain de discuter ; je connais trop les inconvénients de cette méthode. J'essaie celle qui consiste à l'amener à abonder dans mon sens.

« — Je suis tout à fait d'accord avec vous, M. Smith ; si ces moteurs chauffent trop, vous ne devez plus nous en commander. Il vous faut des moteurs dont la température n'excède pas les limites établies par l'Association nationale des fabricants de fournitures électriques, n'est-ce pas ?

« Il en convient. Je tiens mon premier "oui".

« — Les règles de cette association stipulent qu'un moteur bien conçu peut normalement atteindre une température supérieure de 22 °C à la température ambiante. C'est exact ?

« — Oui, admet-il, c'est exact. Mais vos moteurs chauffent beaucoup plus que cela.

« Je ne relève pas sa remarque. Je m'enquiers simplement de la température de l'atelier.

« — La température de l'atelier ? À peu près 24 °C.

« — Bon ! Ajoutez 22 °C à ces 24 °C, et vous obtenez un total de 46 °C. Ne craignez-vous pas de vous brûler en mettant votre main sous un robinet d'eau à 46 °C ?

« Encore une fois, il dit "oui".

« Je conclus alors doucement :

« — Il serait peut-être préférable d'éviter de toucher ces moteurs…

« — Ma foi, je crois que vous avez raison, avoue-t-il.

« Nous continuons à bavarder pendant un moment. Puis il appelle sa secrétaire et me remet une commande dont le montant s'élève à 35 000 dollars !

« Il m'a fallu des années de ma vie, sans parler de milliers de dollars en affaires manquées, pour que je comprenne l'inanité de toute discussion ; il est beaucoup plus profitable et beaucoup plus intéressant d'envisager les choses du point de vue de l'autre, et de l'amener à dire : "Oui, oui." »

Eddie Snow, responsable de nos Entraînements à Oakland, en Californie, nous a raconté comment il est devenu le client fidèle d'un magasin parce que le responsable commercial avait su l'amener à répondre oui à ses questions. Eddie, qui aime tirer à l'arc, a dépensé, dans un magasin local, une somme considérable pour s'équiper. Quand son frère vient lui rendre visite, il veut louer un arc pour lui dans ce même magasin. L'employé lui répond que ce n'est pas possible d'en louer. Eddie téléphone alors ailleurs.

« Un homme à la voix agréable me répond de façon courtoise et la conversation s'engage :

« — Vous est-il déjà arrivé d'en louer ?

« — Oui, il y a plusieurs années.

« — N'avez-vous pas payé vingt-cinq à trente dollars ?

« — Oui, environ.

« — N'êtes-vous pas le genre de personne qui aime faire des économies ?

« — Bien sûr que si.

« — Nous avons des équipements à 34,95 dollars, vous pourriez en acheter un pour 4,95 dollars de plus que le prix d'une location. C'est la raison pour laquelle nous avons renoncé aux locations. N'est-ce pas un point de vue raisonnable ?

« Je réponds oui une fois de plus et je commande un équipement. Quand je vais le chercher, j'en profite pour acheter encore d'autres articles et, depuis lors, je suis devenu un fidèle client de ce second magasin. »

Socrate a accompli ce que bien peu d'hommes ont réalisé à travers les âges : il a institué une philosophie nouvelle, et aujourd'hui, vingt-trois siècles après sa mort, il est honoré comme un des plus subtils psychologues de tous les temps.

Quelle était sa méthode ? Disait-il à ses voisins qu'ils avaient tort ? Oh ! non ! Pas lui. Il était bien trop adroit pour cela. Toute sa technique, maintenant appelée « méthode socratique », consistait à poser des questions auxquelles son adversaire ne pouvait que répondre affirmativement. L'un après l'autre, il emportait toute une série d'acquiescements. Et ainsi, de question irrésistible en réponse affirmative, il entraînait son interlocuteur vers une conclusion que celui-ci aurait repoussée violemment quelques instants auparavant.

La prochaine fois que nous serons tentés d'annoncer triomphalement à notre voisin qu'il se trompe, souvenons-nous du vieux Socrate, et formulons alors modestement une question – une question qui nous apportera un « oui ».

Les Chinois ont ce proverbe plein de sagesse : « Qui marche doucement va loin. »

► PRINCIPE 14 ◄

Posez des questions qui font dire oui immédiatement.

CHAPITRE 15

La soupape de sûreté

La plupart des gens, quand ils essaient de convaincre un interlocuteur, parlent trop. Laissez donc l'autre « vider son sac ». Il connaît mieux que vous son affaire et ses problèmes. Posez-lui des questions, et laissez-le s'exprimer.

Si vous n'êtes pas d'accord avec lui, vous serez tenté de l'interrompre. Mais n'en faites rien. C'est dangereux. Il ne vous écoutera pas tant qu'il ne sera pas libéré de toutes les idées qu'il brûle d'exprimer. Écoutez-le patiemment et avec impartialité. Donnez-lui votre attention pleine et sincère. Encouragez-le à dévoiler le fond de sa pensée.

Cette stratégie donne-t-elle de bons résultats dans la vie professionnelle ? Écoutez l'histoire d'un homme qui fut *forcé* de l'employer.

Une des plus grandes firmes d'automobiles d'Amérique avait demandé à trois fabricants de tissu de lui soumettre des échantillons de drap pour ses sièges de voiture. Il s'agissait d'une grosse affaire, un contrat d'un an. Chaque maison consultée avait envoyé un représentant. Les marchandises avaient été examinées, puis chacun des représentants convoqué une dernière fois pour défendre sa proposition. C'était l'ultime chance d'emporter la commande.

Son tour venu, M. G. B…, l'un des trois vendeurs, constate en se réveillant qu'il a une laryngite aiguë.

« Pas un son ne sort de ma gorge, déclare-t-il. À peine puis-je faire entendre un chuchotement imperceptible. Je suis introduit dans un bureau où se trouvent déjà l'ingénieur des textiles, le directeur des achats, le directeur des ventes et le président de la compagnie. Je fais un vaillant effort pour parler, mais ne réussis qu'à produire un bruit rauque.

« Nous sommes tous autour de la table. Je prends une feuille de papier sur laquelle j'écris : "Messieurs, excusez-moi ; j'ai une laryngite, je suis aphone."

« "Je parlerai pour vous", dit le président. Et, en effet, il parle pour moi. Il présente mes échantillons et vante leurs qualités. Une discussion animée s'élève à leur sujet. Comme le président me représente, il prend parti pour moi. Ma seule participation à la conversation consiste en quelques gestes, sourires et hochements de tête.

« En conclusion de cette négociation insolite, le contrat échoit à ma maison, une commande d'un million de mètres de tissu pour 1 600 000 dollars. La commande la plus énorme que j'aie jamais décrochée.

« Je sais que j'aurais manqué l'affaire si j'avais pu m'exprimer normalement, car j'avais une conception complètement erronée de toute l'affaire. C'est de cette manière tout à fait accidentelle que j'ai découvert combien il peut être avantageux, parfois, de laisser les autres parler à votre place. »

Joseph S. Webb de la Philadelphia Electric Company a fait la même découverte. À l'époque, l'électricité était relativement nouvelle et était considérée dans les zones rurales comme une sorte de luxe. M. Webb effectuait une tournée d'inspection dans un district de prospères fermiers d'origine hollandaise.

« Pourquoi ces gens n'utilisent-ils pas l'électricité ? demanda-t-il au représentant du district tandis qu'ils passaient devant une ferme qui semblait parfaitement tenue.

— Ne pensez même pas à eux. Vous ne leur vendrez rien, répondit l'autre, écœuré. Ils ont une dent contre la compagnie. J'ai essayé. C'est sans espoir. »

C'était peut-être le cas, mais Webb décida de tenter quand même le coup. Il alla donc frapper à la porte de la ferme. Celle-ci s'entrouvrit à peine, juste de quoi apercevoir l'œil méfiant d'une vieille Mme Druckenbrod.

« Dès qu'elle vit le représentant de la compagnie, rapporte M. Webb, elle nous a claqué la porte au nez. J'ai frappé une seconde fois et elle a bien voulu rouvrir ; mais cette fois, elle s'est mise à nous dire tout le mal qu'elle pensait de nous et de notre compagnie.

« Il se trouve que j'aime les œufs frais et, en voyant les poules dans sa cour, il m'était venu à l'esprit que ma femme serait ravie si j'en rapportais quelques-uns à la maison. J'ai donc dit : "Madame Druckenbrod, je sais qu'une installation électrique ne vous intéresse nullement et je suis désolé si nous vous avons dérangée. Je voudrais simplement vous acheter quelques œufs."

« Elle a ouvert la porte plus largement pour nous dévisager d'un air toujours aussi méfiant.

« "J'ai remarqué vos très jolies Dominik, continuai-je, et j'aimerais acheter une douzaine d'œufs frais."

« La porte s'ouvrit encore un peu plus.

« "Comment savez-vous que mes poules sont des Dominik ? demanda-t-elle, sa curiosité éveillée.

« — J'élève moi-même quelques poules. Et je dois dire que je n'ai jamais vu de Dominik en aussi belle santé.

« — Pourquoi ne vous servez-vous pas de vos propres œufs ? demanda-t-elle, toujours suspicieuse.

« — Parce que mes Leghorn pondent des œufs blancs. Et naturellement, étant cuisinière vous-même, vous savez que les œufs blancs sont loin de valoir les œufs bruns quand il s'agit de faire un gâteau. Ma femme est très fière de sa pâtisserie."

« À ce moment de la discussion, Mme Druckenbrod s'était aventurée sur le porche et affichait un air beaucoup plus aimable. Pendant ce temps-là, j'avais un peu examiné les alentours et remarqué que la ferme était équipée d'une superbe laiterie.

« “À vrai dire, Madame Druckenbrod, ai-je enchaîné. Je parierais que vous gagnez plus d’argent avec vos poules que votre mari avec son lait.”

« Bang ! Dans le mille ! Bien sûr qu’elle gagnait plus. Et elle était ravie de me le dire. Mais, hélas, son vieux mari, cette tête de mule, refusait de l’admettre.

« Elle nous a invités à visiter son élevage de volailles. Je n’ai pas tardé à remarquer diverses petites améliorations qu’elle y avait apportées et je me suis montré “chaleureux dans mon approbation et généreux dans mes éloges”. J’ai recommandé certaines graines et certaines températures tout en lui demandant son avis sur plusieurs points. Bientôt, nous étions ravis de partager nos expériences.

« Elle n’a pas tardé à révéler que certains de ses voisins avaient installé un éclairage électrique dans leurs élevages et prétendaient obtenir d’excellents résultats. Devait-elle en faire autant ? Elle désirait mon opinion sincère…

« Deux semaines plus tard, les Dominik de Mme Druckenbrod caquetaient et s’égayaient avec joie sous la lumière encourageante d’ampoules électriques. J’avais obtenu ma commande, sa production d’œufs avait augmenté, nous étions tous deux satisfaits. Tout le monde y avait gagné.

« Mais – et c’est là le point important – je n’aurais jamais vendu de l’électricité à cette fermière hollandaise de Pennsylvanie si je ne l’avais pas d’abord laissée en parler elle-même !

« Plutôt que de vendre, il vaut mieux permettre d'acheter. »

Laisser parler les autres donne d'aussi bons résultats dans les relations familiales que dans les relations professionnelles. Les relations de Barbara Wilson avec sa fille Laurie se détérioraient rapidement. Laurie, qui avait été une enfant calme et plutôt conciliante, était devenue une adolescente fermée, parfois même agressive. Les sermons, les menaces et les punitions n'y faisaient rien.

« Un jour, nous raconte Mme Wilson, j'ai abandonné. Laurie avait quitté la maison sans ma permission pour rendre visite à une amie. De plus, elle était partie sans avoir terminé son travail. À son retour, je suis prête à hurler, comme je l'ai déjà fait des milliers de fois, mais je ne m'en sens plus la force. Je me contente de la regarder et de lui dire tristement : “Pourquoi, Laurie, pourquoi ?” Laurie remarque alors l'état dans lequel je suis et d'une voix calme me répond : “Tu tiens vraiment à le savoir ?” Je hoche la tête et Laurie s'explique. Un peu hésitante au début, elle finit par me dire tout ce qu'elle a sur le cœur : je ne l'ai jamais écoutée ; je passe mon temps à lui dire de faire ci ou ça ; chaque fois qu'elle veut se confier à moi, je l'interromps en lui donnant des ordres. Je comprends qu'elle a besoin de moi, non pas d'une mère autoritaire mais d'une confidente, de quelqu'un capable de l'aider à passer le cap difficile de l'adolescence. Et au lieu de l'écouter, tout ce que j'avais su faire, c'était parler. Je ne l'avais jamais comprise.

« Depuis ce jour-là, je la laisse s'exprimer tout à son aise. Elle se confie à moi et nos relations se sont nettement améliorées. Elle est redevenue la jeune fille ouverte et gaie qu'elle avait été. »

Récemment, le *New York Herald Tribune* publiait, dans sa page financière, une annonce demandant un homme ayant des capacités et une expérience exceptionnelles. Charles T. Cubellis répond à l'annonce et, quelques jours plus tard, est convoqué. Sans perdre un instant, il va à Wall Street chercher tous les renseignements possibles sur le patron de l'entreprise où il va se présenter.

Au cours de l'entretien qu'il a avec lui, il déclare : « Je serais vraiment fier de faire partie d'une maison ayant évolué comme la vôtre… Il paraît que vous avez débuté il y a vingt-huit ans, avec en tout et pour tout un bureau et une dactylo. Est-ce bien vrai ? »

En général, les hommes qui ont réussi aiment rappeler les difficultés de leurs débuts. Celui-ci ne fait pas exception à la règle. Il a commencé avec 450 dollars en poche et… une idée. Il a lutté contre le découragement, malgré les sarcasmes, travaillé douze à seize heures par jour, dimanches et fêtes. Et maintenant, les magnats de Wall Street viennent même lui demander conseil. Il est content de lui ; il a le droit de l'être. Et il prend un plaisir énorme à raconter tout cela.

Pour finir, il interroge brièvement M. Cubellis sur son expérience, puis il appelle le vice-président et lui dit : « Je crois que monsieur est l'homme qu'il nous faut. »

M. Cubellis avait pris la peine de se documenter sur son futur employeur. Il avait prouvé qu'il s'intéressait à lui et à son entreprise. Il l'avait encouragé à parler. Voilà pourquoi il avait fait bonne impression.

Roy Bradley, de Sacramento en Californie, a vécu une situation opposée. Il a écouté un bon vendeur se convaincre lui-même d'accepter un emploi dans sa société. Il le raconte ainsi :

« Étant une petite compagnie de courtage, nous n'offrons pas d'avantages sociaux. Nos représentants sont des agents indépendants. Nous n'avons même pas les moyens de leur offrir un appui publicitaire, comme la plupart de nos concurrents.

« Richard Pryor possède le genre d'expérience que nous recherchons pour cet emploi. Mon assistant, qui le reçoit pour un premier entretien, lui a fait ressortir tous les côtés négatifs du poste, et il a l'air plutôt découragé lorsqu'il entre dans mon bureau. Je mentionne l'unique avantage qu'il y a à travailler pour ma société, c'est-à-dire, puisqu'il sera un agent indépendant, celui d'être en quelque sorte son propre patron. Tout en m'expliquant son point de vue sur la question, il se départit peu à peu des pensées négatives qu'il avait en entrant. À plusieurs reprises, il donne l'impression de se parler à lui-même, de réfléchir à ses propres pensées. Je suis même tenté, parfois, de les prolonger. Cependant, à la fin de l'entretien, je sens qu'il s'est convaincu, sans l'aide de personne, qu'il aimerait travailler pour ma société.

« Parce que j'ai été un auditeur attentif et que j'ai laissé Richard parler seul, il a pu honnêtement peser le pour et le contre, et la conclusion positive à laquelle il est parvenu représente un défi qu'il s'est lancé à lui-même. Nous l'avons embauché et nous n'avons eu qu'à nous en féliciter. »

Même nos amis préfèrent nous entretenir de leurs mérites plutôt que de nous écouter vanter les nôtres.

La Rochefoucauld dit : « Si vous voulez vous faire des ennemis, surpassez vos amis ; mais si vous voulez vous faire des alliés, laissez vos amis vous surpasser. »

En effet, lorsqu'ils nous dominent, nos amis affirment leur importance ; dans le cas contraire, ils se sentent inférieurs et, par conséquent, jaloux.

Henrietta G. était de loin la conseillère en placements la plus appréciée d'une agence de New York. Ce n'avait pas toujours été le cas.

Pendant les premiers mois, elle ne s'était pas fait un seul ami parmi ses collègues. Pourquoi ? Parce qu'il ne se passait pas une journée sans qu'elle vante ses placements, les nouveaux comptes qu'elle avait ouverts et tout ce qu'elle avait réalisé.

« Je faisais bien mon travail et j'en étais fière, nous raconta Henrietta. Mais, au lieu de partager mes triomphes, mes collègues semblaient en prendre ombrage. Je désirais vraiment qu'ils m'apprécient. Après avoir participé à votre Entraînement, je me suis mise à moins parler de moi et à leur prêter plus d'attention. Mes collègues avaient, eux aussi, des motifs de satisfaction et préféraient me parler de leurs succès plutôt que de m'écouter parler des miens. Maintenant, quand nous avons un peu de temps pour bavarder, je leur demande de me faire partager leurs joies et je ne mentionne mes réussites que quand ils me le demandent. »

► PRINCIPE 15 ◄

Laissez votre interlocuteur parler tout à son aise.

CHAPITRE 16

Pour obtenir la coopération d'autrui

Les idées que vous découvrez tout seul ne vous inspirent-elles pas plus confiance que celles qu'on vous présente toutes prêtes sur un plateau d'argent ? Si cela est vrai, n'est-il pas maladroit d'essayer d'imposer à tout prix vos opinions à ceux qui vous entourent ? Ne serait-il pas plus sage de fournir simplement quelques suggestions adroites, en laissant l'autre tirer ses propres conclusions ?

L'équipe de M. Adolph Seltz, de Philadelphie – un de mes participants, directeur des ventes dans une grosse maison d'automobiles –, est complètement découragée et désorganisée. Il faut lui injecter de l'enthousiasme. M. Seltz rassemble alors ses vendeurs dans la salle de conférences et les prie de lui parler à cœur ouvert. Qu'attendent-ils de lui ?... Il fera tout son possible pour les satisfaire. Les hommes présentent leurs préoccupations. À son tour, il leur demande :

« Et maintenant, dites-moi ce que je suis en droit d'espérer de vous. » En chœur, les hommes énoncent :

« La loyauté, l'honnêteté, l'initiative, l'optimisme, la coopération, huit heures par jour de travail enthousiaste » ; un des vendeurs se propose même de « bûcher » quatorze heures. Le directeur inscrit toutes ces réponses sur un tableau. Il résulte de cette conférence un renouveau de courage et d'initiative qui se traduit bientôt par un accroissement phénoménal des ventes.

« Mes hommes ont fait avec moi une sorte de pacte moral, déclare M. Seltz, et tant que, de mon côté, je me conformerai à mes obligations, ils seront, eux, déterminés à accomplir les leurs. Il m'a suffi de les consulter, de les traiter avec considération pour obtenir d'eux ce que je voulais. »

Nous n'aimons pas qu'on nous impose quoi que ce soit. Nous aimons mieux agir de notre propre initiative. Il nous est agréable d'être consultés sur nos goûts et nos désirs.

Prenons le cas de M. Eugene Wesson. Jusqu'à ce qu'il ait compris cela, il perd des milliers de dollars en affaires manquées. C'est un artiste décorateur en tissus, broderies, costumes, etc. Pendant trois ans il prospecte avec persévérance l'un des plus importants fabricants à New York. « Il ne refusait pas de me recevoir, explique M. Wesson, mais il ne me passait jamais de commande. Il examinait attentivement des dessins, puis concluait : “Non, Wesson, je ne crois pas que nous ferons encore affaire aujourd'hui.” »

Après d'innombrables échecs, Wesson comprend que sa tactique est mauvaise, et qu'il fait fausse route.

Il décide d'en sortir et se met à étudier l'art d'influencer les autres.

Au bout de quelque temps, il lui vient une idée. Choisissant dans son atelier une demi-douzaine d'esquisses inachevées, il court chez le fabricant et lui dit : « Monsieur, je voudrais vous demander un service. Voici quelques dessins ; voulez-vous me dire comment nous devrions les compléter pour qu'ils vous conviennent ? »

L'acheteur les examine un moment sans un mot, puis il déclare : « Laissez-les-moi quelques jours, Wesson, et revenez me voir. »

Wesson obéit, revient trois jours plus tard, recueille les indications du fabricant et fait terminer les esquisses conformément à ses désirs. Résultat : elles sont toutes acceptées.

Depuis cette époque, Wesson a reçu de son client toute une série d'autres travaux, établis également d'après ses idées.

« Je comprends, nous dit l'artiste, pourquoi je n'ai pu réussir pendant des années à conquérir ce client. Je le poussais à acheter ce que, moi, je jugeais convenable pour lui. C'est le contraire qu'il fallait faire. Maintenant je le consulte, je lui demande son avis ; je lui donne l'impression qu'il crée lui-même ; et c'est vrai, il crée. Je n'ai plus besoin de le persuader ; il se convainc tout seul. »

Quand Theodore Roosevelt était gouverneur de New York, il a accompli une prouesse extraordinaire :

il est resté en bons termes avec les leaders politiques locaux tout en faisant passer des réformes que ceux-ci détestaient.

Voilà comment il s'y est pris.

Quand un poste important se libérait, il invitait ces leaders à faire leurs recommandations. « Au début, dit Roosevelt, ils proposaient un laissé-pour-compte du parti, le genre d'hommes dont il fallait "prendre soin". Je leur répondais que nommer un tel individu ne serait pas de bonne politique, que le public n'approuverait pas.

« Ils me présentaient alors le nom d'un autre serviteur du parti, un éternel fonctionnaire qui, s'il n'y avait rien contre lui, n'avait pas grand-chose en sa faveur non plus. Je leur disais que cet homme ne répondrait pas aux attentes du public et je demandais à tous ces leaders s'ils ne pouvaient trouver quelqu'un de mieux adapté.

« Leur troisième suggestion était un candidat qui était presque assez bon, mais pas tout à fait.

« Je les remerciais chaleureusement et leur demandais d'essayer encore une fois. Leur quatrième proposition était la bonne : ils présentaient le genre de personnes que j'aurais moi-même choisie. Exprimant ma gratitude pour leur assistance, je nommais l'homme… *et je leur laissais prendre tout le crédit pour cette nomination…* Je leur disais que j'avais agi ainsi pour leur faire plaisir et que maintenant c'était à leur tour de me faire plaisir. »

Ce qu'ils firent en soutenant des réformes décisives qu'ils n'auraient jamais soutenues sinon.

Pensez-y : Roosevelt s'était donné beaucoup de mal pour consulter ces hommes et montrer son respect pour leurs conseils. Quand il avait une nomination importante à faire, il laissait ces leaders penser qu'ils avaient eux-mêmes choisi l'heureux élu, que l'idée était la leur.

C'est aussi grâce à cette méthode qu'un fabricant d'installations radiographiques a réussi à vendre ses appareils à l'un des grands hôpitaux de Brooklyn. On s'apprêtait à l'équiper d'un service de radiographie qui devait être le plus perfectionné et le plus moderne. Le chef de ce service, le docteur L..., était assailli d'ingénieurs commerciaux, vantant à tour de rôle leurs appareils.

L'un de ces industriels se montra cependant plus habile que ses concurrents, car il connaissait infiniment mieux qu'eux la nature humaine. Il écrivit au docteur la lettre suivante :

« Notre usine vient de terminer une série absolument nouvelle d'équipements radiographiques. Le premier lot vient de nous parvenir aujourd'hui. Ces appareils ne sont pas parfaits, nous le savons, et nous souhaitons les mettre au point. C'est pourquoi nous vous serions profondément reconnaissants si vous pouviez trouver le temps de venir les examiner, puis de nous expliquer comment nous pourrions les modifier pour les faire approuver par les membres de votre profession.

« Sachant combien vous êtes occupé, je me ferai un plaisir d'envoyer un chauffeur vous prendre à l'heure que vous voudrez bien m'indiquer. »

« Je suis surpris de recevoir cette lettre, déclare le docteur L…, surpris et flatté en même temps. Jamais aucun fabricant n'a, jusqu'à ce jour, sollicité mes conseils. Cela me donne un sentiment d'importance. Bien que très pris cette semaine, j'annule un rendez-vous pour répondre à la demande de l'industriel. Je vois les appareils et, les examinant, je découvre leurs qualités. Je me convaincs de leur valeur. Personne n'a besoin de me les vendre : c'est moi qui forme tout seul le projet de les acquérir et de les installer dans mon service. »

Dans son essai, *Compter sur soi*, Ralph Waldo Emerson déclare : « Dans toutes les œuvres de génie, nous reconnaissons nos propres pensées rejetées ; elles nous reviennent avec une certaine majesté étrangère. »

Le président Wilson avait pour conseiller privé le colonel House. Il éprouvait pour cet homme une profonde estime et le consultait même plus souvent que les membres de son cabinet.

Comment le colonel House avait-il acquis un tel empire sur le Président ? Nous le savons par les confidences qu'il fit à l'un de ses amis :

« Quand je voulais convertir le Président à une idée, je la mentionnais négligemment devant lui, la semais comme une graine dans son esprit, mais sans insister, juste pour qu'il pût l'entendre et se l'approprier. C'est par hasard que j'avais appris la valeur de cette stratégie : un jour, à la Maison-Blanche, je lui avais suggéré une action qu'il avait paru désapprouver sur le moment… Or, quelques jours plus tard, pendant le dîner, quelle ne fut pas ma stupéfaction de l'entendre énoncer ma proposition comme si elle avait été de son cru ! »

Le colonel House s'était-il alors écrié : « Mais ce n'est pas votre idée, c'est la mienne ! » Il était bien trop habile pour cela. Il se moquait bien des compliments ; ce qu'il voulait, c'était des résultats. C'est pourquoi il laissa croire à Wilson que l'idée venait de lui. Il fit mieux : par la suite, il laissa publiquement au Président le crédit de ses propres trouvailles.

N'oublions pas que les gens que nous rencontrons sont tout aussi humains que Woodrow Wilson… et appliquons la technique du colonel House.

Un homme de la belle province du Nouveau-Brunswick, au Canada, a utilisé efficacement cette technique avec moi. J'avais l'intention d'aller pêcher en canoë au Nouveau-Brunswick. J'écrivis à l'office du tourisme, qui, de toute évidence, communiqua mon adresse car je reçus immédiatement quantité de lettres et de brochures, avec des témoignages sur les camps et les guides. J'étais perplexe. Je ne savais lequel choisir. Mais le propriétaire d'un des camps se montra plus intelligent que les autres : il m'envoya les noms et les numéros de téléphone de plusieurs de ses clients new-yorkais, en me suggérant de leur téléphoner pour avoir leur avis.

À ma surprise, je connaissais une de ces personnes. Je lui téléphonai, et, quand il m'eut fait part de son expérience, j'envoyai ma réservation.

Les autres avaient essayé de me vendre leurs services, mais celui-ci m'avait procuré le plaisir de me les vendre à moi-même.

Il y a vingt-cinq siècles, le sage chinois Lao-tseu disait que la raison pour laquelle les rivières et les mers reçoivent les hommages de centaines de ruisseaux des montagnes, c'est qu'elles restent plus bas qu'eux. Elles peuvent alors régner sur tous les ruisseaux de montagne. Le sage, voulant être au-dessus des autres, se place lui-même en dessous ; voulant être devant, il se place derrière. Ainsi, bien que sa place soit au-dessus des autres, ceux-ci ne sentent pas son poids ; bien que sa place soit devant, ils n'en sont pas blessés.

► PRINCIPE 16 ◄

Accordez à votre interlocuteur le plaisir de croire que l'idée vient de lui.

CHAPITRE 17

Une formule pour accomplir des prodiges

Souvenez-vous de ceci : même si votre voisin est complètement dans l'erreur, il ne croit pas se tromper. Ne le condamnez pas ; le premier sot venu peut condamner. Essayez plutôt de le comprendre. C'est là le fait des êtres sages, tolérants et peut-être même exceptionnels.

Pour penser et pour agir comme il le fait, votre voisin a une raison. Découvrez ce motif caché et vous connaîtrez le secret de ses actes et probablement de sa personnalité.

Efforcez-vous sincèrement de vous mettre à sa place. Dites-vous : « Quels sentiments éprouverais-je, quelles seraient mes réactions si j'étais "dans ses souliers" ? » Ainsi vous épargnerez votre temps et vos nerfs ; en outre, vous vous perfectionnerez considérablement dans l'art de mener les hommes.

« Considérez, écrivait un psychologue, le contraste qui existe entre l'intérêt passionné que vous portez à vos propres affaires et la tiède attention que vous accordez au reste du monde. Songez bien que tous les hommes de l'univers éprouvent exactement ce que vous éprouvez. Comme Lincoln et Roosevelt, vous aurez saisi le seul fondement solide des relations interpersonnelles, à savoir que la réussite dans nos rapports avec les autres dépend d'une compréhension profonde du point de vue de l'autre. »

La femme de Sam Douglas, Joan, passait trop de temps à s'occuper du jardin de leur maison de Hempstead, New York. Du moins, le pensait-il. Il ironisait souvent : tout ce travail consacré à fertiliser, à tondre et à prendre soin de leur pelouse n'était qu'efforts perdus, car l'herbe était en aussi piteux état qu'à leur installation quatre ans plus tôt.

Quelle était la réaction de Joan à ses critiques ? Exactement celle que vous imaginez. Une dispute s'ensuivait et la journée était gâchée.

Il en a été ainsi jusqu'à ce que Sam commence à se demander pourquoi au nom de cette belle terre que Dieu nous a offerte sa femme consacrait tant de temps à un labeur aussi vain. L'idée lui vint qu'elle ne cherchait peut-être pas à produire la pelouse qui remporterait le premier prix à un concours de pelouses ; que c'était justement ce travail, dur et répété, qui la détendait et lui était agréable. Il se dit également que Joan apprécierait sans doute un compliment sincère sur son travail plutôt que d'entendre des reproches constants. Sam comprit à quel point il avait été idiot et fit le vœu de changer.

L'opportunité se présenta quand, un soir, Joan annonça qu'elle allait arracher des mauvaises herbes et lui proposa de l'accompagner. D'abord, il déclina l'invitation. Mais, en y réfléchissant, il se dit que c'était l'occasion de se rattraper de son insensibilité passée. Il alla donc l'aider à arracher ces mauvaises herbes. Elle en fut ravie et ils passèrent une bonne heure à travailler et à bavarder ensemble et il découvrit qu'il y prenait du plaisir.

Après cela, Sam aida souvent sa femme à jardiner, n'hésitant jamais à la complimenter sur le merveilleux travail qu'elle accomplissait en faisant pousser ces quelques brins d'herbe sur ce sol de béton.

Ce qui avait commencé comme une unique soirée à arracher des mauvaises herbes conduisit à une relation bien plus profonde avec sa femme – ainsi qu'à une saine réévaluation du travail nécessaire à l'entretien d'une pelouse ! Plus important encore, Sam avait appris à considérer les choses selon le point de vue de l'autre.

Le docteur Gerald S. Nirenberg a écrit : « *Vous ne participez vraiment à une conversation que lorsque vous montrez à l'autre que vous considérez ses idées et ses sentiments comme étant aussi importants que les vôtres. En acceptant son point de vue, vous encouragez celui qui vous écoute à avoir l'esprit ouvert à vos idées.* »

Un de mes loisirs favoris est, je le répète, de me promener dans un parc qui s'étend non loin de ma maison. Comme les druides de l'ancienne Gaule, je vénère les chênes. Aussi étais-je navré de voir chaque année les jeunes arbres dévorés par des incendies. Ces sinistres n'étaient pas occasionnés par les fumeurs ; ils étaient provoqués par des enfants qui jouaient dans les bois et cuisaient leurs repas sur un foyer entre deux pierres. Parfois le désastre atteignait des proportions alarmantes et il fallait appeler les pompiers.

Il y avait bien à la lisière du bois un écriteau menaçant d'amende ou d'emprisonnement tous les imprudents incendiaires, mais il se trouvait dans une partie peu fréquentée où les promeneurs n'avaient guère de chances de le voir. Il y avait bien aussi un gendarme à cheval chargé de surveiller les lieux, mais il négligeait ses devoirs, et les incendies continuaient. Une fois, je courus vers un agent de police pour le prévenir que les arbres flambaient, mais il me répondit nonchalamment que « ce n'était pas son secteur ». Voyant cela, je devins moi-même l'ardent défenseur de la forêt.

Au début, quand j'apercevais un groupe de jeunes campeurs autour d'un brasier, je me hâtais vers eux, saisi de crainte pour mes chers arbres. Je leur disais qu'ils risquaient la prison, je leur ordonnais d'éteindre leur foyer ; et, s'ils refusaient d'obéir, je menaçais de les faire arrêter. En somme, je donnais libre cours à mon indignation sans me préoccuper du point de vue des jeunes. Aussi, ceux-ci s'exécutaient-ils à regret, d'un air maussade et rancunier. Et, sans doute, n'attendaient-ils que mon départ pour recommencer, avec le risque de brûler tout le parc.

Avec le temps, j'ai acquis une connaissance un peu plus grande des relations humaines, un peu plus de tact, une tendance plus prononcée à voir les choses du point de vue de l'autre. Aussi, quand je découvrais un groupe de garçons autour de leur feu, je m'approchais et je leur disais :

« Alors, jeunes gens, on s'amuse ?... Qu'est-ce que vous faites pour dîner ?... Moi aussi, à votre âge, j'aimais faire du feu dans les bois. Et même encore maintenant... Seulement, vous savez, c'est très dangereux ici, dans le parc... Remarquez, je sais bien que vous faites attention. Mais il y en a d'autres qui sont moins prudents. Ils viennent, voient que vous avez fait un feu, et vous imitent. Mais ils oublient de l'éteindre en partant. Le feu se communique alors aux feuilles sèches alentour, puis aux arbres. Il n'y en aura bientôt plus un seul ici, si nous n'y prenons garde... Je n'ai pas d'ordres à vous donner, et je ne veux pas vous ennuyer... Je suis content de voir que vous vous amusez. Mais voulez-vous écarter ces feuilles mortes, tout de suite, pour éviter qu'elles ne s'enflamment. Et puis, en partant, n'oubliez pas de couvrir votre brasier de terre, beaucoup de terre. C'est entendu ? Et, la prochaine fois, mettez-vous plutôt là-bas, dans la carrière de sable, pour faire votre cuisine. Pas de danger comme ça… Merci beaucoup. Amusez-vous bien ! »

Quelle différence de résultat avec la première manière ! Les campeurs s'empressaient de me satisfaire, sans bouder ni rechigner. On ne les obligeait pas à obéir. Ils collaboraient avec moi, ils agissaient de leur propre chef. Tout le monde était satisfait parce que j'avais su prendre en considération leur point de vue.

Voir les choses du point de vue de votre interlocuteur peut diminuer les tensions quand les problèmes personnels deviennent graves. Elisabeth Novak, de la Nouvelle-Galles du Sud en Australie, avait six semaines de retard dans le paiement des traites pour sa voiture. « Un vendredi, dit-elle, je reçois un appel téléphonique désagréable de l'homme qui s'occupe de mon compte. Il m'informe que, si lundi matin je ne lui remets pas cent vingt-deux dollars, je dois m'attendre à ce que la compagnie entame des poursuites contre moi. Il m'est impossible de rassembler cette somme pendant le week-end. Aussi, quand il me retéléphone le lundi à la première heure, je m'attends au pire. Au lieu de me tracasser, je me mets à sa place. Je lui présente mes excuses sincères pour le désagrément que je lui cause, et j'ajoute que je dois être pour lui la cliente la plus difficile dans la mesure où ce n'est pas la première fois que je suis en retard dans mon paiement. Le ton de sa voix change immédiatement et il m'assure que je suis loin d'être la personne qui lui cause le plus d'ennuis. Puis il poursuit en me disant qu'il arrive parfois que ses clients se montrent impolis, qu'ils lui mentent et qu'ils fassent tout pour l'éviter. Je ne réponds rien et me contente de l'écouter. Ensuite, sans que j'aie à le suggérer, il me dit que cela ne fait rien si je ne peux pas payer toute la somme immédiatement, qu'il me suffira de lui régler vingt dollars à la fin du mois et de compléter la somme dès que je le pourrai. »

La prochaine fois que vous aurez à faire éteindre un feu de camp, à négocier un crédit ou à vendre un produit, réfléchissez d'abord, et essayez, les yeux fermés, de voir les choses du point de vue des autres. Dites-vous : « Pour quelle raison feraient-ils ce que je leur demande ? » Cela vous prendra un peu de temps, bien sûr. Mais vous serez infiniment récompensé de votre effort, car vous saurez mieux les toucher et vous obtiendrez avec beaucoup moins de peine des résultats bien supérieurs.

Le professeur qui dirige le département commercial à l'université Harvard disait : « J'aimerais mieux passer deux heures à arpenter le trottoir devant le bureau d'un client que d'entrer chez lui sans avoir une idée parfaitement nette de ce que je vais lui dire et de ce que, d'après mes prévisions, il me répondra vraisemblablement. »

Cette remarque est si importante que je veux la répéter :

J'aimerais mieux passer deux heures à arpenter le trottoir devant le bureau d'un client que d'entrer chez lui sans avoir une idée parfaitement nette de ce que je vais lui dire et de ce que, d'après mes prévisions, il me répondra vraisemblablement.

Si la lecture de ce livre ne vous apporte qu'une seule chose : une aptitude croissante à considérer en toutes circonstances *le point de vue d'autrui* autant que le vôtre, oui, même si cet ouvrage ne vous apporte que cela, il constituera déjà l'une des étapes les plus significatives de votre carrière.

► PRINCIPE 17 ◄
Efforcez-vous sincèrement de voir les choses du point de vue de votre interlocuteur.

CHAPITRE 18

Ce que chacun désire

N'aimeriez-vous pas connaître une phrase magique grâce à laquelle vous éviteriez les querelles, dissiperiez les rancunes, stimuleriez les bonnes volontés et inciteriez votre auditeur à vous écouter attentivement ?

Oui ?... Fort bien. Cette phrase, la voici : « Je comprends très bien votre attitude, si j'étais vous j'aurais probablement la même. »

Une réponse comme celle-là calmera l'interlocuteur le plus coriace. Et vous pouvez la faire en étant parfaitement sincère, car, si vous étiez à la place de l'autre, vous réagiriez exactement comme lui.

Prenez Al Capone, par exemple. Supposons que vous ayez hérité de son corps, de son tempérament, de son esprit, que vous ayez vécu dans le même entourage que lui et connu les mêmes expériences, vous auriez été précisément ce qu'il était. Car ce sont ces éléments qui ont fait ce qu'il était. Vous n'êtes pas un serpent à sonnette, pour la seule raison que vos parents n'étaient pas des serpents à sonnette.

Ne tirez aucune vanité d'être tel que vous êtes. Les gens qui viennent à vous irrités, bornés, discutailleurs ne sont pas à blâmer pour ce qu'ils sont. Plaignez-les. Accordez-leur votre sympathie. Dites-vous : « Si Dieu l'avait voulu, je serais cette personne-là ! »

Les trois quarts des gens que vous rencontrerez ont cruellement soif de sympathie, de compréhension. Contentez-les et ils vous adoreront.

Un jour, j'ai fait une conférence à la radio sur Louisa May Alcott, l'auteur des *Quatre Filles du docteur March*. Je savais naturellement qu'elle avait vécu et composé ses œuvres à Concord, dans le Massachusetts. Mais, sans réfléchir, je parlai de la visite que j'avais faite à sa maison de Concord, dans le New Hampshire ! Je fus bientôt inondé de lettres et de télégrammes d'insultes. Certains de ces messages étaient indignés, d'autres cinglants. Une dame, originaire de Concord, Massachusetts, m'accabla particulièrement de ses sarcasmes. Elle n'eût pas été plus féroce si j'avais accusé Miss Alcott d'être une cannibale de la Nouvelle-Guinée. En lisant sa lettre, je me disais : « Dieu merci, je n'ai pas épousé une femme pareille ! » J'avais hâte de lui répondre en lui disant que « si j'avais, moi, fait une erreur de géographie, elle avait, elle, commis une faute bien plus grave contre la civilité ». Oui, c'était précisément par cette phrase que je voulais débuter. Je comptais aussi lui faire connaître sérieusement ma façon de penser. Or, je ne fis rien de tout cela. Je compris que n'importe quel idiot pourrait riposter ainsi et, qu'en fait, ce serait la réponse bête typique.

Je tenais à m'élever au-dessus du lot. Je résolus donc de transformer l'hostilité de ma correspondante en sympathie. C'est un défi que je me lançai à moi-même. Je me dis : « Après tout, si j'étais à sa place, j'éprouverais probablement ce qu'elle éprouve, essayons de comprendre son point de vue. » Dès que je me retrouvai à Philadelphie, je lui téléphonai, et voici à peu près les propos échangés :

MOI. – Bonjour, madame X. Vous m'avez écrit, il y a quelque temps, une lettre dont je veux vous remercier.

ELLE (*une voix bien articulée aristocratique*). – À qui ai-je l'honneur de parler ?

MOI. – Vous ne me connaissez pas. Je m'appelle Dale Carnegie. Vous avez entendu, il y a plusieurs semaines, une conférence que j'ai faite à la radio sur Louisa May Alcott, et au cours de laquelle j'ai commis l'erreur impardonnable de situer sa ville natale, Concord, dans le New Hampshire. C'était une gaffe stupide et je tiens à vous présenter des excuses. Vous avez été très aimable de prendre la peine de m'écrire.

ELLE. – Je regrette de vous avoir adressé une lettre pareille, monsieur Carnegie. J'ai cédé à un mouvement de colère. Veuillez m'en excuser.

MOI. – Non ! Non ! Vous n'avez pas à vous excuser. C'est moi qui suis en faute. Même un enfant de l'école primaire aurait été mieux avisé. J'ai déjà réparé mon erreur au micro, mais je tiens à vous dire personnellement combien j'en suis navré.

ELLE. – Je suis originaire de Concord ; ma famille a été pendant deux siècles à la tête des affaires publiques du Massachusetts, et je suis très fière de mon pays natal. J'ai été peinée de vous entendre dire que Louisa May Alcott était née dans le New Hampshire… Mais j'avoue que j'ai vraiment honte de cette lettre.

MOI. – Je vous assure que vos regrets ne sont rien à côté des miens. Ma faute n'a pas fait de tort au Massachusetts, mais elle m'en a fait à moi. Il est si rare de voir des personnes de votre milieu et de votre culture prendre la peine d'écrire aux orateurs de la radio ; j'espère que vous m'écrirez encore si vous relevez d'autres erreurs dans mes interventions.

ELLE. – Vous savez, j'apprécie vraiment la façon dont vous avez accepté ma critique, vous êtes sûrement quelqu'un de bien. J'aurais plaisir à mieux vous connaître.

Ainsi, en reconnaissant mon erreur et en partageant son point de vue, j'avais obtenu de sa part excuses et compréhension. Je connaissais la joie de m'être dominé et la satisfaction d'avoir répondu à l'affront par la courtoisie. Enfin, j'avais trouvé infiniment plus amusant de conquérir sa sympathie que de l'envoyer se faire pendre…

Tout individu qui occupe la Maison-Blanche se retrouve confronté presque quotidiennement à d'épineux problèmes de relations humaines. Le président Taft n'était pas une exception et il a appris par l'expérience comment la sympathie peut diluer l'acide des sentiments rancuniers. Dans son livre, *Ethics in Service*[1], il donne une illustration assez amusante de la manière dont il a calmé la colère d'une mère ambitieuse et déçue.

« Une dame de Washington, écrit-il, dont le mari possédait une certaine influence m'a harcelé pendant plus de six semaines afin que j'offre une situation à son fils. Elle s'était assuré l'assistance d'un considérable nombre de sénateurs et de membres du Congrès et venait avec eux pour veiller à ce qu'ils s'expriment avec emphase. Le poste exigeait des qualifications techniques et, suivant en cela les recommandations de mon bureau exécutif, j'ai choisi quelqu'un d'autre. J'ai alors reçu une lettre de la dame, me disant que j'étais d'une ingratitude sans pareille ; il aurait été si facile pour moi de faire d'elle une femme heureuse. Elle soulignait qu'elle avait travaillé très dur dans son État pour faire voter une loi à laquelle je tenais beaucoup et que c'était ainsi que je la remerciais.

« Quand vous recevez une lettre pareille, vous songez immédiatement à la façon de châtier une personne qui s'est montrée inconvenante, pour ne pas dire impertinente. Et vous composez votre réponse.

---

1. Non traduit en français.

Cependant, si vous êtes sage, vous déposez la lettre dans un tiroir que vous fermez à double tour. Attendez deux jours – deux bonnes journées sont un délai raisonnable pour ce genre de missives – avant de la ressortir et vous constaterez que vous ne l'enverrez pas telle quelle. C'est exactement ainsi que j'ai procédé. J'ai rédigé une nouvelle lettre en faisant preuve de la plus extrême politesse : dans de telles circonstances, je comprenais fort bien la déception d'une mère, mais cette nomination ne pouvait être laissée à ma simple appréciation personnelle. Il me fallait choisir un candidat possédant les qualifications techniques nécessaires. J'avais, par conséquent, suivi les recommandations de mon chef de cabinet. J'exprimais l'espoir qu'au poste qui était alors le sien, son fils continuerait à combler ses espoirs maternels. Tous ces arguments et le ton employé l'ont totalement apaisée. Elle m'a répondu qu'elle était navrée de m'avoir écrit une telle lettre. »

Jay Mangum représentait une compagnie chargée de l'entretien des ascenseurs et escaliers mécaniques à Tulsa, dans l'Oklahoma. Cette compagnie avait un contrat avec un des grands hôtels de Tulsa. Le directeur de cet hôtel, pour éviter de gêner ses clients, refusait que l'on arrête l'escalier roulant plus de deux heures en raison de travaux. Or, la réparation qui devait être faite nécessitait au moins huit heures et la compagnie ne disposait pas toujours d'un réparateur qualifié aux heures les plus propices pour l'hôtel.

Quand M. Mangum réussit à s'entendre avec un réparateur de premier ordre, il téléphona au directeur. Au lieu de discuter avec lui pour qu'il lui accorde le temps nécessaire à la réparation, il lui dit :

« Je sais que votre hôtel est plein de monde et que vous voudriez réduire le plus possible le temps d'arrêt de l'escalier roulant. Je comprends votre souci et nous désirons faire au mieux pour vous faciliter les choses. Cependant, après examen de la situation, il est clair que si nous ne faisons pas la réparation complète, votre escalier mécanique risque d'être encore plus abîmé, ce qui entraînera automatiquement un arrêt nettement plus long. Je pense que vous ne tenez pas à gêner vos clients pendant plusieurs jours. »

Le directeur dut reconnaître qu'il valait mieux en effet arrêter l'escalier roulant pendant huit heures plutôt que de risquer de le voir arrêté plusieurs jours. En s'associant à son désir de satisfaire ses clients, M. Mangum avait réussi facilement à rallier le directeur à son point de vue, sans que cela nuise à leurs relations.

Sol Hurok a été probablement le plus célèbre impresario d'Amérique. Pendant un demi-siècle, il s'est occupé d'artistes comme Chaliapine, Isadora Duncan, la Pavlova. Il a remarqué que leur principale caractéristique commune était le besoin impérieux d'être compris et encouragés jusque dans leurs plus ridicules manies.

Durant trois années, il fut attaché à l'illustre Chaliapine, qui enchantait alors de sa splendide voix de basse les élégants abonnés du Metropolitan Opera. Ce « poulain » donnait du fil à retordre à son manager. C'était un véritable enfant gâté et même, selon l'expression de M. Hurok, « un type infernal ».

Ainsi, le jour où il devait chanter, il téléphonait vers midi à M. Hurok et lui disait : « Sol, ça va très mal, vous savez. J'ai la gorge comme une râpe. Il m'est impossible de chanter ce soir… » Vous croyez que M. Hurok discutait avec lui ? Pas de danger. Il savait de longue date qu'on ne mène pas ainsi les artistes.

Il courait à l'hôtel de Chaliapine et, en arrivant, s'exclamait, d'un air sincèrement navré : « Quel dommage, mon pauvre ami ! Quel dommage ! Naturellement, vous ne pouvez pas chanter. Je vais annuler votre engagement immédiatement. Ça vous coûtera deux mille dollars, mais qu'est-ce que cela en comparaison de votre réputation ! »

Chaliapine soupirait et disait : « Attendez, vous feriez peut-être bien de venir un peu plus tard… Oui, passez vers cinq heures, je verrai comment je me sens. »

À cinq heures, M. Hurok était là, toujours profondément apitoyé. Il insistait de nouveau pour annuler l'engagement de Chaliapine et, de nouveau, celui-ci soupirait et déclarait : « Écoutez, revenez un peu plus tard. Ça ira peut-être mieux. »

À 7 h 30, le grand chanteur consentait à se faire entendre… À la condition que son manager annonce au public que Chaliapine, victime d'un mauvais rhume, n'était pas en voix. M. Hurok promettait tout ce qu'on voulait car il savait que c'était le seul moyen de le faire monter sur scène.

Tous, nous avons besoin de sympathie. L'enfant s'empresse d'exhiber sa coupure ou sa bosse, ou même se cogne lui-même pour se faire plaindre et cajoler. Les adultes décrivent longuement leurs accidents, leurs maladies et les détails de leurs opérations chirurgicales. Que ses malheurs soient vrais ou imaginaires, l'homme se complaît dans la pitié de soi-même.

Si vous voulez gagner les autres à votre point de vue…

► PRINCIPE 18 ◄

Soyez bienveillant avec les idées
et les désirs de l'autre.

CHAPITRE 19

Un appel apprécié de tous

Jesse James, le bandit, dont la ferme familiale était voisine de la nôtre, dans le Missouri, dévalisait les trains, attaquait les banques, puis donnait de l'argent aux fermiers du voisinage pour rembourser les hypothèques de leurs propriétés… Il se qualifiait probablement d'idéaliste, tout comme Dutch Schultz, « Two-Gun » Crowley, Al Capone et bien d'autres « parrains » du crime organisé le firent plus tard.

Le fait est que tous ceux que vous rencontrez ont une haute opinion d'eux-mêmes et veulent paraître nobles et généreux à leurs propres yeux.

Pierpont Morgan observait que l'individu a généralement deux raisons d'agir : une « qui fait bien » et la vraie. La seconde lui est bien connue, évidemment, mais, idéaliste dans l'âme, il préfère mettre en avant ses motivations honorables. Donc, pour influencer les autres, faisons appel à ce qu'ils ont de plus noble.

Est-ce compatible avec les affaires ? Voyons cela.

M. Farrell, le propriétaire d'une villa, avait un locataire qui lui avait donné congé, bien que son bail eût encore quatre mois à courir.

M. Farrell n'était pas content ! Ces gens étaient restés là tout l'été et le quittaient brusquement au début de l'hiver, quand tout le monde fuit la campagne et qu'il est si difficile de louer une maison !...

« En temps ordinaire, nous confia-t-il, j'aurais bondi chez mon locataire et je l'aurais prié de relire attentivement les clauses de son bail. Je l'aurais sérieusement prévenu que, s'il partait, il devrait me régler immédiatement tout le solde de son loyer, sinon je le ferais poursuivre sans hésitation.

« Cependant, au lieu de m'emballer, je réfléchis et je décidai d'employer une autre approche. J'allai voir M. Doe et je lui dis :

« "Monsieur Doe, j'ai reçu votre préavis, mais, sincèrement, je ne crois pas que vous ayez vraiment l'intention de partir.

« "Des années d'expérience dans mon métier m'ont éclairé sur la nature humaine et je vous ai jugé dès le premier abord comme un homme de parole, un homme d'honneur. J'en suis sûr.

« "Je vais vous faire une proposition. Réfléchissez encore quelques jours, jusqu'à la fin du mois. Si, à ce moment-là, en venant payer votre loyer, vous m'affirmez encore que vous voulez déménager sans attendre, je vous jure que je m'inclinerai. Je vous laisserai partir et j'admettrai en moi-même que l'opinion que j'avais de vous était fausse. Mais je suis encore persuadé que vous n'avez qu'une parole, et que vous ferez face à vos engagements."

« Eh bien ! le mois suivant, M. Doe se présenta à moi pour régler son dû. Il m'annonça qu'après avoir consulté sa femme, il avait décidé de rester car c'était la seule conduite honorable à tenir. »

Le jour où feu lord Northcliffe, un des magnats de la presse anglaise, découvrit dans un journal un portrait de lui qui lui déplaisait, il écrivit une lettre à l'éditeur. Était-ce pour lui dire : « Je vous prie de cesser la publication de cette photographie ; elle ne me plaît pas » ? Non, il fit appel à un sentiment plus noble, à l'amour et au respect que chacun porte à sa mère. Il écrivit : « Veuillez cesser la publication de cette photo. Cela déplaît à ma mère. »

John D. Rockefeller s'y prit de même lorsqu'il voulut empêcher les journalistes de photographier ses enfants. Il ne dit pas : « Je ne veux pas que leurs portraits soient publiés. » Non, il fit vibrer une corde généreuse et délicate : le désir de protéger l'enfance. Il fit observer aux photographes : « Vous savez ce que c'est, mes amis… Vous avez des enfants aussi… Et vous n'ignorez pas que trop de publicité leur est néfaste… »

Cyrus Curtis, le puissant éditeur des magazines les plus populaires d'Amérique, eut des débuts difficiles. Il ne pouvait obtenir la collaboration des écrivains de premier plan, qu'une rémunération ne suffisait pas à tenter. Cependant, il parvint à ses fins en faisant appel aux sentiments les plus nobles de ceux qu'il sollicitait. Louisa May Alcott, alors au sommet de sa gloire, écrivit dans une de ses revues, parce qu'il lui avait offert en dédommagement de son travail un chèque de cent dollars, non pour elle, mais pour une œuvre charitable qu'elle protégeait.

… J'entends d'ici les protestations des sceptiques.

« Tout cela, c'est très bien pour Northcliffe ou Rockefeller, ou pour une romancière sentimentale. Mais je voudrais voir ce que rendrait votre système avec les "phénomènes" que j'ai parmi mes débiteurs ! »

Ils ont peut-être raison. Le même remède ne peut guérir tous les maux, et ce qui convient à un individu ne saurait nécessairement convenir à tous les autres. Si vous êtes satisfait de vos méthodes, pourquoi en changer ? Et, dans le cas contraire, que risquez-vous à faire une expérience ?

Quoi qu'il en soit, je crois que l'histoire suivante, rapportée par M. James L. Thomas, un de nos participants, vous intéressera.

Un garage avait six clients qui refusaient de payer leurs factures de réparations. Soyons précis : ils ne refusaient pas précisément de payer, ils protestaient contre un débit qu'ils prétendaient erroné. Or les six intéressés avaient donné leur signature pour approuver le travail exécuté. La société savait qu'elle avait raison et le leur avait dit. Première erreur.

Puis le service comptabilité était entré en action pour faire régler ces factures. Avec succès, pensez-vous ?

1. Ils rendirent visite à chaque client pour réclamer fermement le paiement de la facture en souffrance.

2. Ils affirmèrent que eux, garagistes, avaient entièrement raison et que, par conséquent, lui, le client, avait indiscutablement tort.

3. Ils déclarèrent que eux, garagistes, connaissaient les voitures mieux que n'importe quel client. Alors, à quoi bon protester ?

Résultat : des discussions sans fin.

Croyez-vous que ces méthodes amenèrent les débiteurs à payer ? Vous pouvez répondre vous-même.

Les choses en étaient là et le chef comptable s'apprêtait à intenter des poursuites judiciaires, quand, par bonheur, l'affaire vint jusqu'aux oreilles du patron. Celui-ci se renseigna sur les clients récalcitrants et découvrit que tous avaient l'habitude d'effectuer promptement leurs règlements. Il y avait donc un vice, un vice grave, dans les méthodes de recouvrement de la comptabilité. Le directeur fit appeler un de ses collaborateurs, M. James L. Thomas, et lui confia la délicate mission de faire les encaissements.

Voici ce que fit M. Thomas :

« 1. Je savais, moi aussi, dit-il, que nos factures étaient parfaitement justes, mais de cela je ne soufflai mot. J'annonçai à chaque client que j'étais venu le voir pour découvrir ce que ma maison avait fait – ou omis de faire – pour le mécontenter.

« 2. Je lui fis bien comprendre que je ne me ferais aucune opinion tant que je n'aurais pas entendu sa version du litige. J'eus soin de déclarer que ma maison n'était pas infaillible.

« 3. Je lui dis qu'il connaissait sa voiture mieux que personne au monde.

« 4. Je le laissai parler tout à son aise et je l'écoutai avec l'attention et toute la sympathie qu'il espérait.

« 5. Finalement, quand il fut devenu plus calme et plus raisonnable, je fis appel à sa probité et à son équité. Je lui dis : "D'abord, je suis tout à fait de votre avis. Cette affaire a été très mal menée ; vous avez été importuné et irrité par un de nos employés. Cela n'aurait jamais dû se produire et je vous présente mes excuses au nom de ma maison. En vous écoutant exposer vos griefs, j'observais votre patience et votre impartialité. Et c'est parce que j'ai pu apprécier en vous ces qualités que je vais me permettre de vous demander un service. Voulez-vous rectifier vous-même votre facture ? Au fond, nul n'est mieux qualifié que vous pour le faire, car nul ne connaît la question mieux que vous. Voici le compte, je sais que vous l'ajusterez aussi scrupuleusement que si vous étiez le président de notre compagnie. Nous accepterons ensuite ce que vous aurez décidé."

« Que fit le client ? Il régla de bonne grâce la totalité de la somme demandée. Tous les autres firent comme lui, sauf un, qui profita de l'occasion pour refuser de payer quoi que ce soit sur le débit en souffrance. Et voici le bouquet : les six ex-mécontents nous commandèrent chacun une nouvelle voiture dans les deux années suivantes.

« L'expérience m'a appris une chose, conclut M. Thomas. Quand une créance est contestée et qu'il est impossible d'obtenir les précisions nécessaires, le mieux est d'admettre d'emblée la bonne foi et l'honnêteté du client. D'une manière générale les acheteurs sont "réguliers" et tiennent à faire face à leurs engagements. Plutôt rares sont les exceptions à cette règle. Et je suis persuadé que même l'individu qui a tendance à tricher réagira favorablement si vous lui montrez que vous le tenez pour une personne intègre et loyale. »

► PRINCIPE 19 ◄

Faites appel à des sentiments élevés.

CHAPITRE 20

Le cinéma le fait, la télévision le fait, pourquoi pas vous ?

Il y a plusieurs années de cela, le *Philadelphia Evening Bulletin* fut l'objet de rumeurs sournoises. On disait aux annonceurs que ce journal contenait trop de publicité et pas assez de texte, qu'il n'avait plus d'intérêt pour les lecteurs… Il fallait agir rapidement, faire cesser ces bruits.

Mais comment ?

Le *Bulletin* découpa dans une de ses éditions courantes tous ses textes non publicitaires, les classa et les publia sous forme de livre, qu'il intitula : *Une journée*. Celui-ci contenait 307 pages, moyenne habituelle d'un livre. Et pourtant, l'ensemble – nouvelles, articles, fiction – avait été publié en une seule parution du *Bulletin* et vendu pour une fraction du prix d'un livre.

Cette publication mit en lumière le fait que le *Bulletin* contenait une énorme quantité de textes intéressants. Elle frappa les esprits d'une manière plus vivante, plus attrayante, plus convaincante que n'auraient pu le faire des masses de chiffres et d'arguments.

Il faut du spectaculaire. Affirmer une vérité ne suffit pas. Il faut frapper l'imagination, rendre les faits vivants, intéressants, impressionnants. C'est ce que fait le cinéma ; c'est ce que fait la télévision. C'est ce que vous devez faire si vous voulez capter l'attention.

Les étalagistes savent bien cela. Un fabricant de mort-aux-rats avait distribué à ses revendeurs un matériel d'étalage qui comprenait deux rats vivants. Pendant la semaine où les rats furent exhibés, les ventes atteignirent cinq fois leur volume normal.

Les spots publicitaires à la télévision abondent en exemples d'utilisation de techniques spectaculaires de marketing. Asseyez-vous un soir devant votre poste et analysez les méthodes publicitaires. Voyez comment un médicament anti-acide change la couleur de l'acide dans un tube à essais alors que son concurrent ne produit aucune réaction, comment une marque de lessive détache instantanément une chemise dont le blanc redevient éclatant alors que la même chemise reste grise avec une autre lessive. Une voiture exécutant une série de virages nous frappe davantage que toutes les explications du monde. Des visages satisfaits et radieux accompagnent la plupart des produits. Les publicitaires savent mettre en vedette les avantages de ce qu'ils ont à vendre pour nous pousser à acheter.

Vous pouvez, dans les affaires ou dans la vie de tous les jours, tout aussi bien présenter vos idées de façon spectaculaire. C'est facile. Jim Yeamans, vendeur à NCR (National Cash Register Co), à Richmond, en Virginie, nous raconte comment il a réussi une vente en frappant l'imagination de son client.

« La semaine dernière, je rends visite à un épicier du voisinage et je remarque que ses caisses enregistreuses sont démodées. Je m'approche de lui et lui dis : "Vous jetez littéralement l'argent en l'air chaque fois qu'un de vos clients est obligé de faire la queue." Et là-dessus, je jette une poignée de pièces en l'air. Il devient tout de suite plus attentif. Les mots seuls auraient dû éveiller son intérêt, mais, au bruit des pièces retombant sur le sol, il reste pétrifié. Et j'obtiens sans mal qu'il me passe une commande pour remplacer toutes ces vieilles machines. »

Mary Catherine Wolf, de Mishawaka dans l'Indiana, avait des problèmes professionnels. Elle décide un jour d'en discuter avec le patron. Le lundi matin, elle sollicite un entretien avec lui, mais on lui répond qu'il est très occupé et qu'elle doit demander un rendez-vous à sa secrétaire.

La secrétaire lui signale que le patron a un emploi du temps très chargé mais qu'elle essaiera, malgré tout, d'obtenir pour elle quelques minutes d'entretien dans la semaine.

« La semaine se passe, raconte Mme Wolf, sans que j'obtienne le rendez-vous. Chaque fois que je pose la question à la secrétaire, elle a toujours un prétexte à faire valoir pour m'expliquer que le patron n'est pas disponible. Le vendredi matin arrive et rien n'est encore fixé. Il faut absolument que je rencontre mon patron et que je discute avec lui de mes problèmes avant le week-end. Je me demande alors comment l'inciter à me recevoir. Je finis par lui écrire une lettre dans laquelle j'indique que je sais à quel point il est occupé, mais qu'il est néanmoins important que je le rencontre. Je joins une carte-réponse et une enveloppe à mon nom. Je lui demande de bien vouloir la remplir, ou de demander à sa secrétaire de le faire, et de me la renvoyer.

« Voici comment la carte était rédigée :

« Madame Wolf, je pourrai vous recevoir le… à… Je vous accorderai… minutes de mon temps.

« Je dépose le courrier dans sa boîte aux lettres à onze heures. À midi, je vais vérifier s'il y a du courrier dans la mienne. L'enveloppe rédigée par moi à mon nom s'y trouve. Il m'a répondu lui-même en indiquant qu'il pouvait m'accorder dix minutes dans l'après-midi. Je le rencontre donc, nous discutons plus d'une heure de mes problèmes et nous parvenons à une solution.

« Si je ne lui avais pas fait comprendre de façon spectaculaire que je tenais absolument à le voir, je serais probablement encore là à attendre un rendez-vous. »

M. James B. Boynton avait été chargé par une grande entreprise de parfumerie de mener une enquête sur la situation du marché des produits de beauté, enquête motivée par l'annonce d'une baisse imminente des prix de la concurrence.

L'industriel n'était pas satisfait de la façon dont l'enquête avait été menée. « Il critique, dit M. Boynton, les méthodes que j'ai employées. Je me défends. Nous discutons. Je finis par prouver que j'ai raison, mais il me faut partir, et je n'ai pas le temps de lui communiquer les résultats de mes recherches.

« À la deuxième visite, je ne m'embarrasse pas de chiffres et de données. Je décide de frapper l'imagination de mon client.

« En entrant dans son bureau, je vois qu'il est occupé à téléphoner. Pendant qu'il parle, j'ouvre la valise que j'ai apportée et en aligne le contenu sur son bureau : 32 pots de crème, tous provenant de concurrents qu'il connaît.

« Sur chaque pot de crème, j'avais collé une étiquette résumant, d'une manière vivante et frappante, le résultat de mon enquête sur le produit qu'il contenait.

« Que se passe-t-il alors ?

« J'ai d'un seul coup supprimé toute discussion. Le client saisit un récipient, puis un autre, lit ce qui est écrit. Il me pose des questions, nous causons amicalement. Il est extrêmement intéressé. Au lieu de m'accorder une entrevue de dix minutes, comme la première fois, il me retient et, au bout d'une heure, nous parlons encore.

« Ce sont les mêmes faits que je présente mais, cette fois, je frappe l'imagination de mon auditeur. Et quelle différence ! »

► PRINCIPE 20 ◄

Frappez l'imagination.
Démontrez vos idées par des exemples concrets.

CHAPITRE 21

Pour déclencher une réaction

Charles Schwab, bras droit d'Andrew Carnegie, le roi de l'acier, avait un chef d'atelier dont les ouvriers produisaient moins que la norme.

« Comment se fait-il, lui dit Schwab, qu'un homme aussi capable que vous ne puisse obtenir un meilleur rendement de ses employés ?

— Je ne sais pas, répondit l'autre. Je les ai tour à tour encouragés, stimulés, maudits et menacés de renvoi… Rien n'y a fait. »

Ceci se passait le soir, juste avant l'arrivée de l'équipe de nuit.

« Donnez-moi un morceau de craie, dit Schwab. Combien de "coulées", aujourd'hui ? demanda-t-il au chef d'atelier.

— Six. »

Sans ajouter un mot, Schwab marqua un « 6 » sur le sol et s'éloigna.

Lorsque ceux de l'équipe de nuit se présentèrent, ils virent le chiffre et demandèrent ce que cela signifiait.

« Le patron est venu aujourd'hui, répondirent les autres. Il nous a demandé combien de "coulées" nous avions faites ; nous avons répondu "6", et il l'a écrit par terre. »

Le lendemain matin, Schwab revint. Le « 6 » de la veille avait été remplacé par un « 7 ». Quand l'équipe de jour arriva, elle vit le « 7 ». « Ainsi, les copains de la nuit se croyaient plus forts qu'eux ! C'est ce qu'on allait voir ! » Ils se mirent à l'ouvrage avec ardeur et, la journée finie, ils laissèrent derrière eux un « 10 » énorme et fanfaron. Les choses allaient de mieux en mieux…

Bientôt la production de cet atelier, qui avait été jusqu'alors la plus faible de toute l'usine, passa au premier rang.

Moralité ? La voici, exprimée par Charles Schwab lui-même :

« Pour obtenir des résultats, stimulez la compétition, non par l'appât du gain, mais par une émulation plus noble, le désir de mieux faire, de surpasser les autres et de se surpasser. »

Le désir d'exceller ! Le défi à relever ! C'est ce qui attire infailliblement les personnes de caractère.

Sans une provocation de ce genre, Theodore Roosevelt ne serait jamais devenu président des États-Unis.

À peine revenu de Cuba, où il avait remporté sur les Espagnols une victoire triomphale, le « Rough Rider », le Cavalier Sans-Peur, fut désigné comme candidat au poste de gouverneur de New York. Mais ses adversaires découvrirent qu'il n'était plus résident légal de cet État et Roosevelt, effrayé, voulut se désister. C'est alors que le sénateur Thomas Collier Platt le défia, en criant d'une voix vibrante, en pleine séance : « Le héros du mont San-Juan serait-il devenu lâche ? »

Roosevelt releva le défi… Le reste appartient à l'histoire. Non seulement ce défi transforma sa vie, mais il eut des répercussions nationales et internationales.

« Tous les hommes ont peur. Les braves font taire leur peur, avançant parfois vers la mort, mais toujours vers la victoire » ; telle était la devise de la garde royale dans la Grèce antique.

Quel plus grand défi peut être offert que l'occasion de surmonter la peur ?

Au temps où Al Smith était gouverneur de New York, le célèbre pénitencier de Sing Sing se trouva momentanément privé de directeur. Il y avait eu des scandales, des abus… Bref, il fallait là-dedans un homme à poigne, un homme d'acier. Mais qui ?… Al Smith fit appeler Lewis E. Lawes, de la prison de New Hampton.

Quand celui-ci fut devant lui, il lui demanda : « Eh bien ! que diriez-vous de prendre la direction de Sing Sing ? Il faut là-bas un homme capable. »

Lawes, interdit, ne savait que répondre. Il connaissait les dangers de Sing Sing, l'instabilité d'un poste soumis aux fantaisies des politiciens. À Sing Sing, les directeurs ne duraient jamais bien longtemps. L'un d'eux n'était resté que trois semaines. Lawes avait une carrière à ménager. Fallait-il prendre un tel risque ?

Alors, Smith, se rendant compte de son hésitation, se renversa dans son fauteuil en souriant et dit : « Jeune homme, je comprends que vous ayez peur. C'est un poste très dur. Et seul un as peut tenir le coup à Sing Sing. »

Tiens ! Smith le mettait au défi. Lawes fut immédiatement séduit par l'idée d'entreprendre une tâche digne d'un as.

Il partit pour Sing Sing, et il y resta. Sa carrière fut brillante. Il écrivit un livre : *Vingt mille ans à Sing Sing*, qui connut un immense succès, et il fit de nombreuses conférences à la radio sur la vie des prisons. Ses méthodes d'« humanisation » des criminels ont amené chez les détenus des transformations étonnantes.

Frederic Herzberg, l'un des grands spécialistes du comportement, est d'accord sur ce point. Il a étudié en détail les comportements professionnels de milliers de personnes, de l'ouvrier d'usine aux cadres de direction. Quelle est la motivation essentielle qui pousse les gens à travailler ? L'argent ? Les bonnes conditions de travail ? Les avantages sociaux ? Non. La motivation essentielle, c'est le travail lui-même. Si le travail est passionnant, l'homme est motivé pour le faire bien.

« Selon mon expérience, a dit Harvey S. Firestone, fondateur de la grande marque de pneumatiques, l'argent à lui seul ne parvient jamais à faire œuvrer ensemble des gens de bonne volonté. Ce qui les soude, c'est le travail en lui-même. »

► PRINCIPE 21 ◄

Lancez un défi.

En résumé
Gagner la coopération de tous

► Principe 10 ◄

Évitez les controverses,
seul moyen d'en sortir vainqueur.

► Principe 11 ◄

Respectez les opinions de votre interlocuteur.
Ne lui dites jamais qu'il a tort.

► Principe 12 ◄

Si vous avez tort, admettez-le vite et avec vigueur.

► Principe 13 ◄

Commencez de façon amicale.

► Principe 14 ◄

Posez des questions
qui font dire oui immédiatement.

► Principe 15 ◄

Laissez votre interlocuteur parler tout à son aise.

► Principe 16 ◄

Accordez à votre interlocuteur
le plaisir de croire que l'idée vient de lui.

► Principe 17 ◄

Efforcez-vous sincèrement de voir les choses
du point de vue de votre interlocuteur.

► Principe 18 ◄

Soyez bienveillant avec les idées
et les désirs de l'autre.

► Principe 19 ◄

Faites appel à des sentiments élevés.

► Principe 20 ◄

Frappez l'imagination.
Démontrez vos idées par des exemples concrets.

► Principe 21 ◄

Lancez un défi.

QUATRIÈME PARTIE

Soyez un leader : neuf moyens de modifier l'attitude des autres sans irriter ni offenser

CHAPITRE 22

S'il vous faut corriger une faute, commencez ainsi

Au temps où Calvin Coolidge était président des États-Unis, un de mes amis, alors invité à la Maison-Blanche, entra dans son bureau, juste à temps pour l'entendre dire à sa secrétaire : « Vous avez une bien jolie robe ce matin, mademoiselle… Vous êtes charmante. »

Jamais on n'avait entendu Calvin le silencieux dispenser ainsi des éloges à ses employés. Ce fut si extraordinaire, si imprévu, que la jeune fille rougit de confusion. Alors, Coolidge reprit : « À l'avenir, j'aimerais aussi que vous veilliez davantage à votre ponctuation. »

Procédé plutôt évident, mais qui donne des résultats. Il nous est moins pénible d'entendre des remarques désagréables après un compliment sur nos qualités.

Le coiffeur savonne son client avant de le raser. C'est précisément ce que fit McKinley en 1896, quand il préparait sa campagne électorale pour la présidence de la République. Un de ses collaborateurs avait rédigé un discours qu'il jugeait en lui-même légèrement supérieur à ceux de Cicéron et de Démosthène réunis. Tout rayonnant d'orgueil, il lut à McKinley son œuvre immortelle. Son allocution ne manquait pas de mérite. Mais elle ne pouvait convenir en la circonstance ; elle aurait soulevé une tornade de protestations et de sarcasmes. McKinley ne voulait pas blesser cet homme, ni étouffer son splendide enthousiasme. Pourtant, il fallait dire « non ». Observez comme il s'y prit adroitement pour y parvenir.

« Mon ami, s'écria-t-il, votre discours est superbe ; il est remarquable ; personne n'aurait pu faire mieux. En bien des circonstances, c'est exactement un discours comme celui-ci qu'il nous faudrait. Mais, dans le cas présent, convient-il vraiment ? Tout raisonnable et mesuré qu'il paraisse, nous devons prévoir l'effet qu'il aura sur notre parti. Rentrez chez vous et écrivez-moi vite un autre speech suivant les indications que je vous donne, puis vous m'en enverrez une copie. »

Le rédacteur obéit. McKinley l'aida de ses conseils, et il devint l'un des meilleurs orateurs de la campagne électorale.

Voici une lettre fameuse qui fut écrite par Lincoln, le 26 avril 1863, au plus noir de la guerre civile. Depuis dix-huit mois, les généraux de Lincoln conduisaient l'armée des Nordistes de défaite en défaite. C'était une stupide et inutile boucherie. Les déserteurs s'enfuyaient par milliers. Le pays était atterré. Le parti républicain même se révolta et menaça de chasser Lincoln de la Maison-Blanche. « Nous sommes au bord de l'abîme, disait Lincoln. Dieu lui-même semble s'être tourné contre nous, et je ne vois plus un rayon d'espoir ! »

Le général Hooker avait commis de lourdes fautes, et Lincoln voulait corriger ce téméraire sur qui reposait le sort de la nation tout entière. La lettre qu'il lui adressa fut peut-être l'une des plus dures qu'il écrivit après son élection. Et, pourtant, observez comme il flatte Hooker avant de le critiquer. Il se garde bien de qualifier brutalement ses erreurs, qui étaient pourtant très graves. Avec beaucoup de modération, il lui dit simplement : « Vous avez fait certaines choses dont je ne suis pas entièrement satisfait... » Parlez-moi de tact et de diplomatie !

D'ailleurs, voici le message :

« Je vous ai placé à la tête de l'armée du Potomac. Naturellement, je me suis appuyé, pour prendre cette décision, sur des raisons qui m'ont paru suffisantes. Toutefois, je dois vous informer que vous avez fait certaines choses dont je ne suis pas entièrement satisfait.

« Je vous tiens pour un soldat brave et habile, qualités que j'apprécie, bien entendu. Je crois aussi que vous ne mêlez pas la politique à votre métier, ce qui est louable. Vous avez confiance en vous-même, ce qui est précieux, sinon indispensable.

« Vous êtes ambitieux. L'ambition, lorsqu'elle se maintient dans des bornes raisonnables, est plutôt bienfaisante. Mais je sais qu'elle vous a poussé à contrecarrer par tous les moyens le général Burnside, ce qui a causé un grand tort à votre pays, ainsi qu'à un honorable et méritant frère d'armes.

« Vous avez dit récemment, je le tiens de source sûre, que l'armée et le gouvernement avaient besoin d'un dictateur. Si je vous ai donné le commandement, ce n'est pas, vous le comprenez, en raison, mais en dépit de cela.

« Seuls les généraux vainqueurs peuvent prétendre à être des dictateurs. Ce que je vous demande maintenant, ce sont des succès militaires et ensuite nous verrons pour la dictature.

« Le gouvernement vous soutiendra jusqu'à la limite extrême de ses possibilités, c'est-à-dire ni plus ni moins qu'il a soutenu les autres chefs militaires. Toutefois, je crains fort que l'esprit de critique et de doute que vous avez contribué à répandre parmi les soldats ne se retourne contre vous. Je vous aiderai autant que je le pourrai à le détruire.

« Ni vous ni Napoléon, s'il vivait encore, ne pourraient obtenir un effort de troupes ayant un tel moral ! Défiez-vous de la témérité. Mais montrez-vous énergique ; soyez inlassablement vigilant ; allez de l'avant et remportez des victoires. »

Je vous entends bien. Vous n'êtes pas un Coolidge, ni un McKinley, ni un Lincoln. Ce que vous voulez savoir, c'est comment vous pourrez appliquer cette méthode dans votre vie professionnelle. Eh bien ! suivez le cas de M. Gaw, architecte attaché à une grande entreprise de bâtiment.

M. Gaw est un citoyen ordinaire, comme vous et moi. Son entreprise avait été chargée de construire à Philadelphie un grand bâtiment qui devait être achevé à une certaine date. Tout allait bien ; la construction était presque terminée, quand tout à coup, le fabricant qui devait fournir les ornements en bronze pour la façade fit savoir qu'il lui serait impossible de livrer sa marchandise au jour promis. Quoi ? Un immeuble entier retardé ! De gros dédits à payer, de lourdes pertes, des complications ! Tout cela à cause d'un seul homme !

Coups de téléphone... Discussions... Remontrances... Tout fut vain. M. Gaw fut alors désigné pour aller à New York séduire le lion dans son antre.

Quand il pénétra dans le bureau de l'industriel, il lui dit : « Savez-vous, monsieur, que votre nom est unique à Brooklyn ? »

L'autre se montra surpris : « Non, dit-il, je l'ignorais. » M. Gaw poursuivit : « Je m'en suis aperçu en cherchant votre adresse dans l'annuaire du téléphone. »

Le fabricant prit l'annuaire et le regarda avec intérêt. « Il est certain, déclara-t-il avec une fierté non dissimulée, que c'est un nom peu commun. Ma famille a émigré de Hollande et s'est établie ici il y a bientôt deux cents ans... » Pendant quelques minutes, il parla complaisamment de ses parents et de ses ancêtres. Quand il eut fini, M. Gaw lui fit des compliments de son usine et conclut :

« C'est une des installations les plus propres et les mieux organisées que j'aie jamais vues.

— J'ai passé ma vie à monter cette entreprise, dit l'industriel, et, mon Dieu ! j'en suis fier… Voulez-vous faire un tour dans mes ateliers ? »

Tout au long de cette visite, M. Gaw admira les machines et les méthodes de travail, expliquant pourquoi il les trouvait supérieures aux autres. Il remarqua quelques dispositifs spéciaux : son hôte lui confia qu'ils étaient de son invention et tint à lui en décrire longuement le fonctionnement ; finalement, il insista pour emmener M. Gaw déjeuner avec lui. Jusque-là, notez-le bien, pas un mot n'avait été prononcé sur le but véritable du visiteur.

À la fin du repas, l'industriel dit : « Parlons affaires. Naturellement, je sais pourquoi vous êtes ici… Je ne pensais pas que notre entrevue serait aussi agréable. Vous pouvez rentrer à Philadelphie avec ma promesse que les fournitures seront exécutées et livrées à temps, même si toutes les autres commandes doivent être suspendues. »

M. Gaw obtint tout ce qu'il voulait sans même avoir à le demander. Le fournisseur tint parole, et le bâtiment fut achevé au jour dit.

Les choses se seraient-elles passées ainsi si M. Gaw avait employé les méthodes violentes généralement adoptées en pareilles circonstances ?

Dorothy Wrublewski, directrice de la succursale de Fort Monmouth, dans le New Jersey, de l'Union fédérale de crédit, a raconté lors d'une séance de notre Entraînement comment elle a pu aider l'une de ses employées à devenir plus efficace.

« Nous avons embauché récemment une jeune femme comme apprentie caissière. Son contact avec les clients est très bon. Compétente et précise lorsqu'elle opère des transactions individuelles, elle éprouve, à la fin de la journée, du mal à équilibrer ses comptes.

« La caissière en chef vient me voir et me conseille fortement de la mettre à la porte. “Elle retarde tout le monde par sa lenteur. Je lui ai pourtant montré plus d'une fois comment il faut s'y prendre mais elle ne comprend pas ce qu'il faut faire. Elle doit être renvoyée.”

« Le lendemain je la vois travailler avec rapidité et précision, tout en se montrant agréable envers les clients. Je découvre bien vite pourquoi il lui est si difficile d'équilibrer ses comptes. À la fermeture des bureaux, je vais bavarder avec elle. Elle est visiblement nerveuse et mal à l'aise. Je la complimente pour l'accueil chaleureux qu'elle réserve aux clients et pour l'exactitude et la rapidité dont elle fait preuve dans ses opérations commerciales. Puis je suggère que nous réexaminions la procédure utilisée pour équilibrer les comptes. Lorsqu'elle comprend que je lui fais confiance, elle suit rapidement mes conseils et maintenant elle maîtrise parfaitement cette activité. »

Commençons par faire des éloges et nous ferons progresser notre entourage.

► PRINCIPE 22 ◄

Commencez par des éloges sincères.

CHAPITRE 23

Comment corriger les autres sans vous faire détester

Charles Schwab, l'homme de confiance d'Andrew Carnegie, le roi de l'acier, qui, par son tact et sa diplomatie, avait su gagner la sympathie et la considération universelles, se promenait un jour, vers midi, dans ses ateliers. Il rencontra un groupe d'ouvriers qui fumaient. Exactement au-dessus de leurs têtes se trouvait un écriteau : « Défense de fumer. » Que fit Schwab ? Leur montra-t-il l'écriteau en s'écriant : « Vous ne savez donc pas lire ? » Oh ! non ! pas Schwab. Il s'approcha des hommes, tendit à chacun un cigare, et ajouta : « Vous me feriez plaisir en allant fumer ces cigares dehors. »

Les ouvriers savaient qu'il avait noté leur infraction au règlement et ils l'admirèrent parce qu'il n'en avait rien dit, parce qu'il leur avait fait un cadeau et parce qu'il leur avait fait sentir leur importance. Qui n'aimerait un tel homme ?

John Wanamaker, fondateur des grands magasins qui portent son nom, employait la même méthode. Il avait l'habitude de parcourir chaque jour ses nombreux rayons. Une fois, il vit une cliente qui attendait à un comptoir. Personne ne faisait attention à elle. Les vendeuses ? Elles étaient dans un coin en train de rire et de bavarder. Wanamaker ne souffla mot. Se glissant derrière le comptoir, il servit la cliente lui-même... puis continua son chemin.

Les électeurs reprochent souvent à leurs élus de se laisser difficilement approcher. Si les personnages officiels sont des gens très occupés, c'est parfois leur entourage qui, désireux de ne pas surcharger l'emploi du temps de leur « patron », éloigne les visiteurs. Carl Langford, maire pendant plusieurs années d'Orlando, en Floride, la patrie de Disney World, exhortait fréquemment son personnel à laisser les gens le rencontrer. Il avait beau déclarer que sa politique était celle de la porte ouverte, chaque fois qu'ils tentaient de l'approcher, ses administrés se voyaient barrer le chemin par des secrétaires ou par le personnel administratif.

Le maire finit par trouver la solution. Il fit tout simplement enlever la porte de son bureau ! Son entourage comprit et, à dater de ce jour, il travailla « portes ouvertes ».

Il suffit souvent de changer un mot de quatre lettres en un mot de deux lettres pour que l'échec devienne succès, pour modifier l'attitude des autres sans les offenser ni provoquer de rancune.

Bien des gens commencent par faire des compliments sincères, puis ils ajoutent un « mais » et terminent sur une critique. Par exemple, pour modifier le comportement d'un enfant qui néglige ses études : « Nous sommes vraiment fiers de toi, Johnny, tes notes sont meilleures ce trimestre. Mais si tu avais fourni plus d'efforts en algèbre, tes résultats auraient été encore meilleurs. »

Il se peut que Johnny se sente encouragé jusqu'à ce qu'il entende le mot « mais ». Il peut alors douter de la sincérité du compliment. Ce dernier n'est là que pour mieux introduire la critique. L'éloge perdant sa crédibilité, il est fort probable que nous ne changerons rien à l'attitude de Johnny envers ses études.

En revanche, en remplaçant « mais » par « et », nous pourrions réussir à la modifier. « Nous sommes vraiment fiers de toi, Johnny, tes notes ce trimestre sont bien meilleures et, en poursuivant tes efforts, tu pourras relever aussi le niveau de tes résultats en algèbre. »

Là, Johnny ne peut plus douter de la sincérité de l'éloge car ce dernier ne mène à aucune critique. Nous avons attiré son attention sur le comportement que nous désirons voir changer, et il y a des chances pour qu'il veuille se montrer à la hauteur de nos espérances.

Avec des personnes sensibles qui souffriraient d'une critique directe, attirez indirectement l'attention sur leurs erreurs, et vous ferez des merveilles.

Marge Jacob, de Woonsocket à Rhode Island, a raconté comment elle a réussi à convaincre des ouvriers en bâtiment, d'habitude peu soigneux, de tout nettoyer derrière eux.

Ils agrandissaient sa maison et, les premiers jours, Mme Jacob remarqua que la cour était jonchée de copeaux de bois. Comme elle ne voulait pas éveiller leur hostilité, parce que, par ailleurs, ils faisaient un excellent travail, elle se contenta après leur départ de ramasser et d'entasser proprement avec ses enfants tous les débris de bois dans un coin. Le lendemain matin, elle appela le contremaître et lui dit : « J'ai été vraiment contente de constater la netteté de la pelouse hier soir ; elle était propre et agréable à regarder. » À partir de ce jour-là, les ouvriers prirent soin d'entasser les débris dans un coin, et le contremaître lui demanda après chaque journée de travail si elle était satisfaite de l'état de la pelouse.

L'un des principaux sujets de controverse entre réservistes et officiers de métier est la coupe de cheveux. Les réservistes se considèrent comme civils (qu'ils sont la plupart du temps) et n'apprécient pas la coupe réglementaire.

Le sergent-chef Harley Kaiser, du 542e de l'École USAR, s'attaqua à ce problème alors qu'il entraînait un groupe d'officiers de réserve. En tant qu'ancien sergent-chef de l'armée de métier, on se serait attendu à ce qu'il hurle et menace ses troupes. Mais il préféra utiliser la manière indirecte : « Messieurs, commença-t-il, vous êtes des chefs. Vous serez efficaces lorsque vous commanderez par l'exemple. Vous vous devez d'être un modèle pour ceux que vous allez commander. Vous connaissez le règlement de l'armée concernant la coupe de cheveux. Pour ma part, je vais me faire couper les cheveux aujourd'hui, bien qu'ils soient plus courts que les vôtres. Regardez-vous dans la glace et, si vous estimez avoir besoin d'une coupe pour être un bon exemple, nous nous arrangerons pour que vous puissiez aller chez le coiffeur. »

Comme prévu, plusieurs candidats se rendirent chez le coiffeur l'après-midi pour se faire faire une coupe réglementaire. Le lendemain matin, le sergent Kaiser déclara qu'il remarquait déjà des qualités de chef chez certains membres de la section.

Un pasteur célèbre aux États-Unis, Lyman Abbott, fut, au début de sa carrière, invité à faire un discours sur son éloquent prédécesseur qui venait de mourir. Désirant se surpasser, il écrivit, ratura, refit, polit son oraison funèbre avec les soins méticuleux d'un Flaubert. Puis il la lut à sa femme. Elle était médiocre – comme la plupart des discours écrits. Mme Abbott aurait pu dire, si elle avait eu moins de jugement :

« Écoute, Lyman, ce n'est pas fameux... Tu ne peux conserver ce texte... Les gens vont dormir. On dirait une encyclopédie. Vraiment, depuis le temps que tu prêches, tu devrais bien savoir que ce n'est pas ainsi qu'on fait un discours... Pour l'amour du ciel ! parle comme un être humain ! Sois naturel ! Tu te ridiculiseras si tu lis une chose pareille, etc. »

Voilà ce qu'elle *aurait* pu dire. Si elle l'avait fait, vous devinez ce qui serait arrivé. Elle aussi le savait. C'est pourquoi elle se contenta d'observer que ce discours représentait un excellent article pour la *Revue nord-américaine*. En d'autres termes, elle fit son éloge tout en insinuant subtilement qu'il ne pourrait convenir en tant que sermon. Lyman Abbott comprit. Il déchira son manuscrit soigneusement élaboré, et fit son discours sans même utiliser de notes.

Pour modifier la conduite d'une personne sans l'offenser ni l'irriter...

► PRINCIPE 23 ◄

Faites remarquer erreurs
ou défauts de manière indirecte.

CHAPITRE 24

Parlez d'abord de vos erreurs

Il y a quelques années, ma nièce, Joséphine Carnegie, quitta son Kansas natal pour devenir ma secrétaire à New York. Elle avait dix-neuf ans et venait de quitter le collège. Son expérience professionnelle était pour ainsi dire nulle. Aujourd'hui, c'est une des plus parfaites secrétaires que je connaisse. Mais, au début… eh bien ! au début, elle était… perfectible.

Un jour que je m'apprêtais à lui faire une remontrance, je réfléchis et me dis : « Un moment, Dale… tu as deux fois l'âge de cette petite. Ton expérience est mille fois plus grande que la sienne. Comment peux-tu espérer qu'elle ait ton point de vue, ton jugement, tout médiocres qu'ils soient ? Rappelle-toi les gaffes monumentales, les erreurs stupides que tu commettais. Souviens-toi du jour où tu as fait cela… et puis cela… »

Après avoir bien tout pesé, honnêtement et impartialement, je conclus qu'à âge égal la performance de Joséphine était supérieure à la mienne.

Quand, par la suite, j'étais obligé de faire une observation à Joséphine, je commençais ainsi : « Tu as fait une erreur, Joséphine, mais elle n'est pas pire que bien des miennes. Le jugement ne se forme qu'avec le temps. Tu es bien plus raisonnable que je ne l'étais à ton âge. J'ai, moi-même, commis tant de bêtises que je ne pourrais guère critiquer qui que ce soit… Cependant, ne crois-tu pas qu'il eût été plus sage de t'y prendre ainsi ! etc. »

Il nous est bien moins pénible d'entendre la liste de nos fautes si l'accusateur commence en confessant humblement qu'il est lui-même loin d'être irréprochable.

E. G. Dillistone, ingénieur à Brandon dans le Manitoba, au Canada, avait des problèmes avec sa nouvelle secrétaire. Les lettres qu'il lui dictait arrivaient sur son bureau, pour la signature, avec plusieurs fautes d'orthographe. Voici comment M. Dillistone s'y est pris pour résoudre la difficulté.

« Comme beaucoup d'ingénieurs, je n'ai jamais été particulièrement brillant en orthographe. Pendant des années, j'ai tenu un petit répertoire des mots que j'avais du mal à orthographier. Lui signaler tout simplement ses erreurs n'aurait pas incité davantage ma secrétaire à se référer au dictionnaire. Je résolus donc de m'y prendre autrement. Comme elle tapait une lettre dans laquelle je remarquai plusieurs fautes, je m'assis auprès d'elle et lui dis :

« "Je ne sais pourquoi, mais il me semble que ce mot n'est pas écrit de façon correcte. C'est l'un de ces mots qui m'ont toujours donné du mal et c'est la raison pour laquelle je me suis fait un petit répertoire (j'ouvris le livre à la page appropriée). Oui, le voilà. J'ai pris conscience de l'importance de l'orthographe parce que les gens nous jugent à nos lettres, et les fautes d'orthographe ne nous donnent pas l'image de vrais professionnels."

« Je ne sais si elle a adopté mon système, mais ce dont je suis sûr, c'est que depuis, elle ne fait presque plus de fautes. »

Ce principe, l'adroit prince von Bülow en comprit la nécessité en 1909. Il était alors chancelier impérial d'Allemagne, sous le règne de Guillaume II, Guillaume le hautain, l'arrogant, le dernier des kaisers allemands, qui formait alors une armée et une marine capables, disait-il, « de battre des hordes de sauvages ».

Il se passa une chose surprenante. Le Kaiser se mit à faire des déclarations inouïes, incroyables, qui bouleversèrent le continent et se répercutèrent aux quatre coins du monde. Il fit en public ces affirmations absurdes, égoïstes, mesquines, tandis qu'il était l'hôte de l'Angleterre ; il autorisa leur reproduction dans le *Daily Telegraph*.

Il déclara qu'il était le seul Allemand qui éprouvât de l'amitié pour les Anglais, qu'il fortifiait sa puissance navale contre la menace du Japon, que seule son intervention avait empêché l'Angleterre d'être écrasée sous la domination de la Russie et de la France, que lord Roberts avait pu vaincre les Boers en Afrique du Sud grâce à ses plans à lui, et maintes autres extravagances.

Depuis cent ans, aucun monarque n'avait prononcé de telles paroles en temps de paix. L'ancien continent bourdonnait de fureur comme un essaim de guêpes.

L'Angleterre bouillonnait d'exaspération. Les hommes d'État allemands étaient atterrés. Au milieu de la consternation générale, le Kaiser fut pris de panique et proposa au prince von Bülow de prendre la responsabilité de ses fautes. Parfaitement, il voulait que le chancelier annonçât à tous que c'était lui qui avait conseillé à son empereur de faire ces stupéfiantes déclarations.

« Mais, Majesté, protesta von Bülow, je ne crois pas que personne, en Angleterre comme en Allemagne, puisse me croire capable d'avoir ainsi conseillé Votre Majesté. »

À peine venait-il d'articuler ces mots qu'il comprit la gaffe qu'il venait de faire. Le Kaiser explosa :

« Dites-moi que vous me prenez pour un âne, capable de fautes que vous-même n'auriez jamais commises ! »

Von Bülow savait qu'il aurait dû louer avant de blâmer, mais, comme il était trop tard, il fit ce qu'il lui restait de mieux à faire : il servit les compliments après les critiques. Le pouvoir de la louange est tel que le résultat fut encore miraculeux.

« Loin de moi l'idée d'insinuer une chose pareille, répondit-il avec déférence. Votre Majesté m'est supérieure sous bien des rapports. Non seulement, bien entendu, sur les questions militaires et navales, mais aussi sur les sciences naturelles. J'ai souvent écouté, plein d'admiration, Votre Majesté, tandis qu'elle expliquait le baromètre, la télégraphie ou les rayons de Roentgen. J'ai honte de mon ignorance de la chimie et de la physique, je suis incapable d'analyser le plus simple des problèmes de la nature. En revanche, poursuivit-il, je possède quelques connaissances historiques et peut-être quelques qualités utiles en politique, et particulièrement en diplomatie. »

Le Kaiser rayonnait. Von Bülow l'avait complimenté. Von Bülow l'avait glorifié tout en s'humiliant lui-même. Après cela, le Kaiser pouvait tout pardonner. « Ne vous avais-je pas dit, s'exclama-t-il dans un élan d'enthousiasme, que nous nous complétions merveilleusement ?... Il ne faut jamais nous séparer. »

Il secoua la main de von Bülow, non pas une fois, mais plusieurs fois. Et, au cours de la journée, son exaltation atteignit un tel point qu'à un moment il s'écria, les deux poings levés : « Si quelqu'un essaie de dire quoi que ce soit contre le prince von Bülow, il aura ma main sur la figure ! »

Von Bülow s'était rattrapé à temps. Mais, tout vieux renard qu'il était, il avait cependant commis une faute : il aurait dû *commencer* en parlant de ses déficiences et de la supériorité de Guillaume – et non en laissant entendre que ce dernier avait besoin d'être surveillé.

Si quelques phrases, d'éloges pour l'un, d'humilité pour l'autre, avaient suffi à transformer en ami fidèle un Kaiser altier et insulté, imaginez ce que pareille tactique fera pour vous et moi. Convenablement dosées et appliquées, la modestie et l'admiration nous permettront d'accomplir des prodiges dans notre vie.

En reconnaissant nos propres erreurs (même si nous ne les avons pas corrigées) **nous pouvons aider les autres à modifier leur comportement.** Clarence

Zerhusen, de Timonium, dans le Maryland, nous en donna un exemple lorsqu'il découvrit que son fils de quinze ans s'était mis à fumer.

« Je ne voulais pas que David fume, dit M. Zerhusen, mais sa mère et moi fumions. Nous lui donnions tout le temps le mauvais exemple. J'expliquai à David que je m'étais mis à fumer à son âge et que la nicotine m'avait abîmé la santé. Maintenant il m'était impossible d'arrêter. Je lui rappelai combien ma toux était irritante et comme il avait insisté, quelques années auparavant, pour que je renonce au tabac.

« Je ne l'exhortai pas à s'arrêter en le menaçant de tous les dangers qu'il encourait. Je me contentai de lui faire remarquer mon accoutumance et ce que cela signifiait pour moi.

« Il y réfléchit un moment puis décida qu'il ne fumerait pas avant sa majorité. Les années ont passé, David n'a plus touché à une cigarette et n'en a d'ailleurs toujours pas l'intention.

« À la suite de cette conversation, j'avais moi-même décidé d'arrêter de fumer et, grâce au soutien moral de ma famille, j'ai réussi. »

Un bon leader suit ce principe :

► PRINCIPE 24 ◄

Mentionnez vos propres erreurs
avant de critiquer celles des autres.

CHAPITRE 25

Personne n'aime recevoir des ordres

Un homme qui avait travaillé trois ans dans le même bureau qu'Owen D. Young, l'économiste célèbre, père du Plan Young, disait qu'il n'avait jamais entendu celui-ci donner un ordre à qui que ce soit. Owen D. Young indiquait, proposait. Il ne commandait jamais. Owen D. Young ne disait pas par exemple : « Faites ceci », « Faites cela » … « Ne faites pas ceci ou cela. » Non, il annonçait : « Vous pourriez étudier ceci » … « Pensez-vous que cela serait bien ? » Après avoir dicté une lettre, il interrogeait fréquemment ses collaborateurs : « Qu'en pensez-vous ? » Quand on lui soumettait un texte à revoir, il suggérait : « Peut-être vaudrait-il mieux tourner la phrase ainsi… »

Il avait toujours soin de laisser une certaine initiative à ses collaborateurs ; jamais il ne leur faisait sentir de contrainte. Il les laissait agir librement et progresser par leurs erreurs.

Voilà le genre d'attitude qui incite une personne à se corriger volontiers, qui ménage sa fierté, lui donne le sentiment de son importance et le désir de coopérer au lieu de se rebeller.

Un ordre trop brutal provoque chez votre interlocuteur une offense qui peut durer longtemps, même si cet ordre est justifié. Dan Santarelli, enseignant dans une école professionnelle du Wyoming, nous a raconté comment l'un de ses étudiants avait barré le chemin qui mène à l'un des ateliers de l'école en y garant sa voiture. Un professeur fit irruption dans la classe et d'un ton brusque demanda : « À qui appartient la voiture qui est garée en plein milieu de l'allée ? » Lorsque le propriétaire de la voiture répondit, le professeur hurla : « Enlevez-moi cette voiture sans perdre une minute, ou c'est moi qui vais le faire. »

L'étudiant était dans son tort. Il n'aurait pas dû garer sa voiture à cet endroit. Mais, à partir de ce jour-là, il en voulut au professeur pour sa réaction, et non seulement lui, mais tous ses camarades de classe s'arrangèrent pour lui mener la vie dure.

Si le professeur avait agi différemment et demandé plus aimablement : « À qui appartient la voiture qui se trouve dans l'allée ? », puis suggéré de la déplacer pour permettre aux autres voitures de circuler, l'étudiant l'aurait fait de bon cœur, et ni lui ni ses camarades n'en auraient conçu de rancune.

Poser des questions rend non seulement un ordre plus acceptable mais stimule aussi la créativité de votre interlocuteur. Les gens accepteront probablement plus facilement un ordre s'ils ont pris part à la décision qui est à son origine.

Ian Mac Donald, de Johannesburg, directeur d'une petite usine qui fabriquait des pièces pour machines de précision, eut l'occasion de prendre une importante commande alors que l'atelier était déjà surchargé de travail. Le trop court délai de livraison aurait dû l'empêcher de l'accepter.

Au lieu de harceler ses ouvriers pour qu'ils accélèrent leur cadence et exécutent d'urgence le travail, il les réunit et leur explique la situation. Il leur dit ce que cela représenterait pour la compagnie et donc pour eux, s'ils pouvaient livrer à temps cette commande. Puis il se met à leur poser des questions :

« Pouvons-nous venir à bout de cette tâche supplémentaire ? »

« Quelqu'un a-t-il une idée sur la manière de procéder ? »

« Y a-t-il moyen d'adapter notre emploi du temps à ce surcroît de travail ? »

Les employés proposèrent plusieurs solutions et insistèrent pour qu'il accepte la commande. Devant leur attitude positive, la commande fut acceptée, réalisée et livrée à temps.

Un leader efficace appliquera le…

► PRINCIPE 25 ◄

Posez des questions plutôt que de donner des ordres directs.

CHAPITRE 26

Comment ménager l'amour-propre de votre interlocuteur

Il y a quelques années, la compagnie General Electric eut la tâche épineuse de retirer à Charles Steinmetz ses fonctions de chef de service. Steinmetz, qui était un génie en matière d'électricité, était incapable de diriger un service. Mais on craignait de l'offenser. Il était indispensable et d'une extrême susceptibilité. Alors, les directeurs de la compagnie lui donnèrent un nouveau titre ; ils le nommèrent « ingénieur-conseil de la compagnie General Electric », ce qui était tout simplement une appellation nouvelle pour le travail qu'il faisait déjà. Puis ils nommèrent quelqu'un d'autre pour diriger le service.

Steinmetz était heureux. Et les directeurs donc !

En agissant avec douceur, en permettant à cet homme de « sauver les apparences », ils étaient parvenus à leurs fins, sans bruit et sans dommage.

« Sauver la face ! » Voilà ce qui compte pour les humains ! Voilà ce qui est vital ! Pourtant combien d'entre nous y songent, quand il s'agit des autres ?

Nous piétinons la sensibilité de nos semblables, nous imposons nos volontés, accusons, menaçons ; nous réprimandons devant témoins nos enfants ou nos employés, sans songer une minute aux réactions que nous provoquerons. Il en faudrait si peu, pourtant, un instant de réflexion, quelques bonnes paroles, un effort sincère pour nous oublier et comprendre les autres, il en faudrait si peu pour adoucir les coups que nous sommes obligés de porter.

Souvenons-nous de cela la prochaine fois que nous aurons la détestable tâche de licencier du personnel.

« Ce n'est pas drôle de congédier des employés. Mais être congédié est encore moins drôle. (Je cite une lettre de M. Marshall Granger, expert-comptable.) Notre activité est saisonnière. C'est pourquoi, dès qu'arrive le mois de mars, nous devons mettre fin à une partie des contrats.

« Jusqu'à ces derniers temps, nous nous y prenions ainsi pour annoncer la nouvelle au personnel licencié.

« "Asseyez-vous, monsieur Smith. En cette basse saison, nous n'avons plus de travail pour vous… Naturellement, vous étiez prévenu que ce n'était là qu'un emploi temporaire, etc."

« Les renvoyés éprouvaient malgré tout une forte déception. Ils avaient l'impression d'être laissés pour compte et ne gardaient pas un tendre souvenir de la maison qui les avait si cavalièrement traités.

« J'ai décidé récemment d'agir envers ces employés avec plus de tact et de considération. Je les ai appelés dans mon bureau un à un, après avoir soigneusement réfléchi à leur travail de l'hiver, et je leur ai parlé ainsi :

« "Monsieur Smith, vous avez bien travaillé (si c'est vrai). Quand nous vous avons envoyé à Newark, ce n'était pas une mission facile et vous vous en êtes tiré à votre honneur ; la maison est fière de vous. Vous avez de l'étoffe, vous irez loin, quel que soit votre emploi. Nous avons confiance en vous et penserons à vous dès que nous pourrons vous utiliser à nouveau. Nous ne vous oublions pas..."

« L'effet produit est incomparablement meilleur. Nos employés partent sans amertume ; ils ne se sentent pas trahis. Ils savent que, si nous avions de quoi les occuper, nous les garderions. Et, quand nous les rappellerons, ils reviendront à nous avec empressement et gratitude. »

Au cours d'une séance de notre Entraînement, deux participants discutaient des effets négatifs de la critique et des effets positifs de l'application du principe « Laissez votre interlocuteur sauver la face ».

Fred Clark, de Harrisburg en Pennsylvanie, nous parla d'un incident survenu dans son entreprise.

« Lors d'une réunion de production, un vice-président posa des questions pleines de sous-entendus à un de nos chefs, à propos d'un procédé de fabrication. Le ton de sa voix était agressif et visait à mettre en évidence les erreurs de ce responsable.

Comme celui-ci ne voulait pas se trouver dans une position gênante devant ses collègues, il resta évasif dans ses réponses. Ce qui provoqua la colère du vice-président qui l'accusa de mentir.

« Les bonnes relations de travail qui existaient avant cette rencontre furent détruites en quelques instants. À dater de ce jour, ce chef de production, qui était réellement un bon cadre, ne fut plus efficace. Il nous quitta quelques mois plus tard pour aller travailler chez un concurrent où, dit-on, il fait un excellent travail. »

Une autre de nos participantes, Anna Mazzone, raconta comment un incident semblable s'était produit à son travail, mais avec une approche et des résultats, ô combien différents. On avait confié à Mme Mazzone, du service marketing, sa première mission importante : une étude de marché d'un nouveau produit.

« Quand j'eus les résultats de l'étude, dit-elle, je fus effondrée. J'avais commis une grave erreur dans mon estimation, il fallait recommencer toute l'étude…

« Bien pire, je n'avais pas le temps d'en discuter avec mon patron avant la réunion au cours de laquelle je devais présenter mon rapport sur le projet.

« Quand je fus appelée pour faire ce rapport, je tremblais de peur. Mais je résolus de ne pas flancher pour ne pas m'attirer les remarques habituelles sur les femmes incapables d'assumer un poste de direction parce qu'elles ne maîtrisent pas leurs émotions. Je fis un bref rapport, déclarant qu'en raison d'une erreur de ma part, je devrais refaire l'étude avant la prochaine réunion. Je m'assis, m'attendant à voir mon patron exploser.

« Il me remercia au contraire pour mon travail, et remarqua qu'il n'était pas rare de faire une erreur sur un nouveau projet. Il était persuadé que ma nouvelle analyse serait précise et pleine d'enseignements pour notre société. Il m'assura devant tous mes collègues qu'il avait foi en moi, qu'il savait que j'avais fait de mon mieux.

« Je quittai la réunion la tête haute et bien déterminée à ne jamais laisser tomber mon patron. »

Même si nous avons raison et que notre interlocuteur a tort, en lui faisant perdre la face, nous détruisons son ego.

Le grand pionnier français de l'aviation et célèbre écrivain Antoine de Saint-Exupéry a écrit : « Je n'ai pas le droit de dire ou de faire quelque chose qui diminue un homme à ses propres yeux. Ce qui compte, ce n'est pas ce que je pense de lui, mais ce que lui pense de lui-même. Blesser un homme dans sa dignité est un crime. »

Un véritable leader suivra toujours le...

► PRINCIPE 26 ◄

Laissez votre interlocuteur sauver la face.

CHAPITRE 27

Comment stimuler les hommes

J'ai connu Pete Barlow. C'était un montreur de chiens et de poneys dans les cirques. J'aimais beaucoup voir Pete dresser ses chiens. Dès que l'un d'eux montrait le plus petit progrès, Pete le caressait, le félicitait, lui donnait de la viande, enfin faisait grand cas de sa réussite.

Cette méthode n'est pas nouvelle. Elle est appliquée depuis des siècles par tous les dresseurs d'animaux.

Pourquoi, je me le demande, ne nous montrons-nous pas aussi sensés avec les hommes qu'avec les bêtes ? Pourquoi ne présentons-nous pas la friandise au lieu du fouet, le compliment au lieu du blâme ? Faisons comme Pete Barlow : **reconnaissons les progrès, si légers soient-ils, de ceux que nous voulons encourager. C'est ainsi que nous les stimulerons, que nous les engagerons à poursuivre leurs efforts.**

Dans un de ses livres, le psychologue Jess Lair fait le commentaire suivant : « L'éloge est comme le soleil pour l'esprit humain. Nous ne pouvons nous épanouir sans lui. Cependant, la plupart d'entre nous sommes prêts à souffler sur les autres le vent glacial de la critique, bien plus qu'à leur réchauffer le cœur en les complimentant. »

En faisant un retour en arrière, je revois comment quelques mots de louange ont suffi à changer ma vie. Ne pouvez-vous en dire autant ? L'histoire abonde en exemples où l'éloge a fait des miracles.

En 1883 vivait à Naples un enfant de dix ans qui travaillait dans une usine. Il rêvait de devenir chanteur. Malheureusement, son professeur l'avait découragé : « Tu n'as aucune voix, lui avait-il affirmé. Quand tu chantes, on croit entendre grincer les persiennes. » Mais sa mère, pauvre paysanne, le consola. Elle le prit dans ses bras, lui dit qu'elle était sûre de son talent, l'assura qu'elle avait déjà remarqué un progrès dans son chant. Elle travailla, se priva, marcha pieds nus pour payer les leçons de musique de son fils… Les encouragements de sa mère transformèrent la vie de ce garçon. Vous avez sans doute entendu parler de lui : il se nommait Caruso.

Au siècle dernier, un jeune homme de Londres aspirait à devenir écrivain. Mais tout semblait contrarier son désir. Il n'avait reçu qu'une instruction rudimentaire ; son père avait été emprisonné pour dettes, et lui-même était très pauvre ; il connaissait souvent la faim. Enfin, il trouva un emploi ; cela consistait à coller des étiquettes sur des flacons de colorant, dans un entrepôt infesté de rats. Le soir venu, il dormait dans une affreuse mansarde en compagnie de deux voyous des bas-fonds de Londres. Il avait si peu confiance en sa valeur et craignait tant les moqueries qu'il attendait la nuit noire pour aller secrètement porter ses manuscrits dans la boîte aux lettres. L'un après l'autre, ceux-ci étaient refusés. Enfin, vint le grand jour : l'une de ses histoires fut acceptée. On ne lui offrait aucune rémunération, c'est vrai. Mais peu lui importait. L'éditeur le félicitait ! Quelqu'un reconnaissait son talent ! Il était si transporté qu'il déambula par les rues avec des larmes de joie.

À partir de ce moment, l'espoir et la confiance le gagnèrent, et son avenir fut transformé. Mais, sans cet encouragement, il aurait peut-être continué à travailler toute sa vie dans un entrepôt. Cet homme ne vous est pas inconnu, lui non plus : il s'appelait Charles Dickens.

Un demi-siècle plus tard, un autre jeune Londonien travaillait dans un magasin de draperies. Il se levait à cinq heures du matin, balayait la boutique et trimait quatorze heures par jour. Il exécrait son travail. Au bout de deux ans, il n'y tint plus, et, un matin, partit de la maison sans attendre le petit déjeuner ; il parcourut plus de vingt kilomètres et arriva chez sa mère, qui était gouvernante dans une propriété.

Il lui fit part de son désespoir, pleura, supplia, jura de se tuer si on le forçait à demeurer dans cette boutique... Puis il écrivit une longue lettre à son vieux maître d'école, lui avouant qu'il était à bout, qu'il ne voulait plus vivre. Le maître lui adressa une réponse réconfortante, dans laquelle il lui disait qu'il l'avait toujours jugé très intelligent, capable de grandes choses et destiné à une vie meilleure, et lui offrait, en terminant, un emploi d'instituteur.

Ces bonnes paroles, ces quelques éloges suffirent à transformer l'avenir du jeune homme, et eurent une profonde répercussion sur la littérature anglaise. Depuis cette époque, en effet, le héros de cette histoire a écrit soixante-dix-sept livres et gagné par sa plume une véritable fortune. Vous connaissez peut-être son nom : c'est H. G. Wells.

Complimenter au lieu de critiquer résume l'enseignement de B. F. Skinner. Ce grand psychologue a démontré, en en faisant l'expérience sur des animaux comme sur des humains, que lorsque la critique est réduite au minimum et le compliment accentué, ce qu'il y a de positif chez l'être humain se trouve renforcé, et ce qui est négatif s'en trouve affaibli parce qu'on n'y prête pas attention.

John Ringelspaugh, de Rocky Mount en Caroline du Nord, a utilisé ce principe avec ses enfants. Comme dans beaucoup de familles, la principale forme de communication entre parents et enfants consistait à hausser le ton en permanence. Et, comme c'est souvent le cas, le comportement des enfants, comme celui des parents, au lieu de s'améliorer, empirait un peu plus chaque jour. Il semblait n'y avoir aucune solution.

M. Ringelspaugh décida alors d'appliquer les principes de notre Entraînement pour mettre un terme à cette situation.

« Ma femme et moi étions résolument décidés à essayer de les complimenter plutôt que de les critiquer. Ce ne fut pas facile car nous ne voyions que ce qu'ils faisaient de mal. Il nous fut même difficile de trouver quelque chose à complimenter dans leur comportement. Nous y parvînmes et, les deux premiers jours, ils cessèrent de faire ce qui nous contrariait le plus. Puis, petit à petit, d'autres défauts disparurent. Ils commencèrent à tirer profit des compliments que nous leur faisions. Ils se mirent même à réparer leurs erreurs. Nous n'en croyions pas nos yeux. Bien sûr, ce ne fut pas permanent, mais, une fois les choses stabilisées, leur comportement devint tout de même meilleur. Il ne fut plus nécessaire de réagir comme nous le faisions auparavant. Les enfants agissaient plutôt bien. » Voilà le résultat que vous pouvez obtenir en louant le moindre progrès chez vos enfants plutôt qu'en condamnant les erreurs.

Keith Roper, de Woodland Hills en Californie, a appliqué ce principe avec un de ses employés. Un travail d'une exceptionnelle qualité avait été exécuté dans son imprimerie par un nouvel ouvrier imprimeur qui, d'autre part, avait du mal à s'adapter à son poste. Son supérieur estimait qu'il avait une attitude négative et qu'il fallait sérieusement songer à se passer de ses services.

Mis au courant de cette situation, M. Roper se rendit lui-même à l'atelier pour converser avec le jeune homme. Il lui dit quelle avait été sa satisfaction en recevant son travail et souligna que c'était le meilleur que cet atelier avait réalisé depuis longtemps. Il lui en expliqua précisément les raisons en insistant sur ce qu'une collaboration comme la sienne représentait pour son entreprise.

En l'espace de quelques jours, il se produisit un changement complet. Ce jeune imprimeur parla à plusieurs de ses collègues de la conversation qu'il avait eue avec son patron, se félicitant qu'il y ait quelqu'un, dans cette entreprise, pour apprécier le travail bien fait. Il devint à partir de ce jour-là un ouvrier loyal et dévoué.

M. Roper ne s'était pas contenté de le complimenter et de lui dire : « Vous avez fait du bon travail. » Il lui avait expliqué en quoi son travail se distinguait des autres. Il ne s'agissait pas d'une vague flatterie, mais d'un compliment dûment motivé, et par conséquent plein de signification. Tout le monde aime être félicité, mais le compliment n'est apprécié que s'il repose sur des faits précis. Il est alors ressenti comme sincère, et non plus destiné simplement à faire plaisir.

Souvenez-vous que nous avons grand besoin de compliments et de considération, et que nous ferons tout pour nous les attirer. Mais personne n'apprécie l'hypocrisie. Personne n'apprécie la flatterie.

Je le répète : les méthodes exposées dans ce livre ne réussiront que si elles sont sincères et viennent du cœur. Ce que je préconise, ce n'est pas une série de « trucs ». C'est une nouvelle manière de vivre.

Si nous savons révéler leurs trésors cachés à ceux qui nous entourent, nous ferons beaucoup plus que les influencer ou les stimuler. Nous les ferons progresser et se métamorphoser.

Voici ce qu'en dit le professeur William James, doyen de Harvard et sans doute le plus grand psychologue américain : « Comparés à notre potentiel, nous ne sommes qu'à demi éveillés. Nous n'utilisons qu'une faible partie de nos ressources physiques et mentales. L'être humain vit bien en deçà de ses capacités. Il possède des trésors de talents qu'il laisse dormir. »

Vous qui lisez ou relisez ces lignes, vous possédez forcément des capacités que vous laissez en sommeil ou, du moins, que vous n'exploitez pas au maximum. Parmi elles se trouve la puissance quasi magique de stimuler les autres par vos encouragements sincères et de leur faire connaître les talents qui sommeillent en eux.

Les talents se fanent sous la critique. Ils fleurissent et fructifient avec l'encouragement.

► PRINCIPE 27 ◄

Louez le moindre progrès et chaque amélioration. Faites cela chaleureusement et généreusement.

CHAPITRE 28

Comment inciter l'autre à se dépasser

Il y a un vieux dicton : « Donnez un vilain nom à un chien et vous feriez aussi bien de l'abattre. » Cela signifie que nous sommes sensibles à l'opinion que les autres ont de nous. Si un jeune homme est étiqueté « fauteur de troubles » ou « délinquant », vous pouvez être sûr que ce garçon sera à la hauteur de cette réputation ! Et pourquoi ne le serait-il pas ? Il a déjà été condamné et a l'impression de ne plus rien avoir à perdre.

Mais que se passerait-il si, au lieu de cela, on prenait le temps de trouver un trait de caractère positif chez ce jeune ? Quelque chose de beau et de bon, quelque chose qu'on pourrait cultiver ? Tout le monde possède au moins une qualité digne d'être respectée et admirée. Alors pourquoi ne pas offrir aux gens l'opportunité de montrer leurs forces plutôt que de souligner sans cesse leurs défauts ?

Mme Ruth Hopkins, une institutrice de CM1 à Brooklyn, a brillamment mis cette philosophie à l'œuvre. Lors d'une rentrée des classes, elle passe en revue sa liste d'élèves avec excitation et plaisir… jusqu'à ce que son cœur s'arrête. Cette année, elle a « Tommy le Terrible », le plus célèbre « mauvais garçon » de l'école.

Sa dernière institutrice n'avait cessé de se plaindre de lui à ses collègues, au directeur et à quiconque voulait l'entendre. Tommy n'était pas seulement insolent, il avait provoqué de sérieux problèmes de discipline. Il se battait avec les autres élèves, répondait (mal) à l'institutrice et cela ne cessait d'empirer avec les années. Son unique qualité était sa capacité à apprendre et à réaliser rapidement ses devoirs.

Mme Hopkins décida de s'attaquer au cas « Tommy » sur-le-champ. Accueillant ses nouveaux élèves, elle fit à chacun un petit compliment : « Rose, tu portes une bien jolie robe ! » « Alicia, il paraît que tu fais de beaux dessins. » En arrivant à Tommy, elle le regarda droit dans les yeux et lui dit : « Tommy, je crois savoir que tu as un caractère de chef. Je compte sur toi pour m'aider à faire de cette classe le meilleur CM1 de toute l'école. »

Pendant les premiers jours de classe, elle continua à le complimenter, déclarant comment ceci ou cela montrait à quel point il était intelligent et talentueux. Avec une telle réputation à assumer, même un garçon de neuf ans ne pouvait la laisser tomber… et il ne le fit pas.

J'ai parlé une fois à un employé d'Exchange Buffet, une chaîne de vingt-six restaurants d'un genre un peu particulier. Fondés cinquante ans plus tôt, les

Exchange Buffet n'avaient jamais tendu une addition à un client. Quand vous partiez, vous disiez simplement au caissier ce que vous deviez… et c'est ce que vous payiez.

« Mais n'aviez-vous personne pour surveiller ? ai-je demandé à l'employé. Il devait bien y avoir des gens malhonnêtes parmi vos clients !

— Nous ne surveillions personne, répondit-il. Certains trichaient peut-être… à vrai dire, nous l'ignorons. Mais le système fonctionne, c'est une certitude. Sinon, nous n'aurions pas pu rester ouverts pendant un demi-siècle ! »

Les Exchange Buffet faisaient savoir à leurs clients qu'ils les croyaient honnêtes, aussi tout le monde – riches, pauvres, mendiants, voleurs – restait fidèle à la réputation qu'on leur accordait.

Envisageons maintenant la situation où un bon employé se met à fournir un travail bâclé. Bien sûr, vous pouvez le renvoyer, mais est-ce la meilleure solution ? Vous pouvez le réprimander, mais cela suscite généralement du ressentiment. Voici comment Henry Henke, directeur d'une grande concession de vente de camions à Lowell, Indiana, s'y est pris.

M. Henke avait un bon mécanicien dont le travail ne cessait de se détériorer, des réparations qui laissaient à désirer et jamais effectuées dans les délais. Au lieu de lui hurler dessus ou de le menacer, M. Henke l'a convoqué dans son bureau pour une discussion à cœur ouvert.

« Bill, dit-il, vous êtes un excellent mécanicien. Cela fait des années que vous êtes parmi nous. Vous avez réparé de nombreux véhicules à l'entière satisfaction de nos clients. Au point que nous avons reçu beaucoup de compliments à votre sujet. Pourtant, ces derniers temps, le temps que vous mettez pour accomplir chaque tâche ne cesse de s'accroître et la qualité de votre travail ne respecte plus vos propres standards. Ayant conscience que vous étiez jusqu'à récemment un mécanicien hors pair, j'ai pensé que vous voudriez le savoir. Je ne suis pas heureux de cette situation. Peut-être à nous deux pourrions-nous trouver un moyen de corriger ce problème. »

Bill répondit qu'il n'avait pas eu conscience d'avoir manqué à ses devoirs et assura à son chef que le travail attendu de lui était à sa portée et qu'il essaierait à l'avenir de s'améliorer.

L'a-t-il fait ? Oh que oui, vous pouvez en être certain. Il est à nouveau redevenu un mécanicien rapide et consciencieux. M. Henke lui avait donné une réputation à laquelle se mesurer. Comment aurait-il pu faire autrement que de délivrer un travail comparable à celui qu'il avait accompli par le passé ?

Si vous voulez avoir une influence sur quelqu'un dans un certain domaine, faites comme si cette personne possédait déjà les qualités requises. Shakespeare a dit : « Assume une vertu, si tu ne la possèdes pas. » Présumer et déclarer ouvertement que votre interlocuteur possède le talent que vous aimeriez qu'il développe ne pourra que faciliter les choses. Donnez-lui une bonne réputation à assumer et il sera prêt à consentir à d'énormes efforts plutôt que de vous décevoir.

Un matin, le docteur Martin Fitzhugh, dentiste à Dublin, en Irlande, reçut un choc lorsque l'une de ses patientes lui fit remarquer que son porte-gobelet en métal n'était pas très propre. Il est vrai que la patiente se rinçait la bouche avec le gobelet en carton et non avec son support, mais un dentiste se doit d'utiliser un équipement impeccable.

Après le départ de sa cliente, le docteur Fitzhugh écrit un mot à Martin, son homme de ménage, qui vient nettoyer son cabinet deux fois par semaine :

Cher Martin,

Je vous vois si peu, aussi je tiens à vous remercier pour votre excellent travail. À propos, j'ai pensé que deux heures, deux fois par semaine, ne suffisaient sans doute pas à faire tout ce que je vous demande, notamment vous attarder sur de petits détails, comme astiquer le porte-gobelet, par exemple. Vous pourriez, si vous le souhaitez, faire de temps à autre une demi-heure supplémentaire que je vous réglerais, naturellement.

« Le lendemain, en arrivant, raconte le docteur Fitzhugh, je vois que mon bureau et mon fauteuil ont été parfaitement astiqués. En entrant dans le cabinet, je remarque que le porte-gobelet est impeccablement propre. J'ai donné à mon homme de ménage une réputation à mériter et cela a suffi à décupler ses efforts. A-t-il réclamé du temps supplémentaire ? Pas du tout. »

Rappelez-vous, si vous désirez changer l'attitude ou le comportement de quelqu'un sans l'offenser, ni susciter de ressentiment :

► PRINCIPE 28 ◄

Donnez une belle réputation à mériter.

CHAPITRE 29

Comment favoriser les progrès

Un quadragénaire de mes amis se fiança récemment, et sa future épouse l'engagea à prendre quelques leçons de danse.

« Dieu sait si j'avais besoin d'entraînement, me confia-t-il par la suite. Je dansais à la mode d'il y a vingt ans. Ma première professeure ne me dissimula pas la vérité : je devais oublier ce que j'avais appris autrefois et tout reprendre de zéro. Elle me découragea complètement.

« J'ai pris une autre professeure de danse qui m'a plu. Elle m'a simplement dit que mon style était peut-être démodé mais que les bases étaient bonnes, et elle m'a assuré que je n'aurais aucune difficulté à apprendre quelques nouveaux pas. Si la première m'avait ôté tout désir d'apprendre, en soulignant mes défauts, la deuxième fit tout le contraire. Elle ne cessa d'admirer mes progrès tout en négligeant mes fautes. “Vous avez d'instinct le sens du rythme”, me disait-elle. Mon bon sens me dit que j'ai toujours été un médiocre danseur. Pourtant, tout au fond de mon cœur, j'aime à croire que, peut-être, elle le pensait.

« Quoi qu'il en soit, je danse beaucoup mieux depuis qu'elle m'a fait croire que j'avais le sens du rythme. C'est cela qui m'a stimulé, m'a donné espoir et m'a poussé à me perfectionner. »

Dites à votre enfant, à votre conjoint ou à votre collaborateur qu'il est stupide, qu'il n'a aucune disposition pour tel travail ou tel jeu, qu'il le fait mal, qu'il n'y entend rien, et vous détruisez en lui tout désir de se perfectionner. Mais essayez la méthode opposée : dispensez généreusement les encouragements ; arrangez-vous pour que la tâche à accomplir semble facile ; **montrez à celui que vous voulez stimuler que vous avez confiance en ses capacités** ; dites-lui qu'il possède un talent qu'il ne soupçonne pas… et il s'exercera jusqu'au petit jour s'il le faut.

Le conférencier Lowell Thomas, grand spécialiste des relations humaines, utilisait cette technique. Il vous donnait confiance en vous et vous insufflait courage et foi. J'ai passé récemment un week-end avec lui et Mme Thomas. Tandis que les bûches crépitaient dans la cheminée, on m'invita à m'asseoir à la table de bridge. Une partie de bridge ? Oh ! non ! Non, non. Je ne connaissais rien au bridge. Ce jeu avait toujours été pour moi un mystère. Non, non ! Impossible !

« Mais voyons, Dale, me dit mon ami. Ce n'est rien du tout, le bridge. Il suffit d'avoir de la mémoire et du jugement. Vous avez beaucoup étudié la mémoire. C'est tout à fait votre domaine. Essayez, vous saurez très vite. »

Et, presto ! sans même avoir pu réaliser ce qui m'arrivait, je me trouvais assis, pour la première fois de ma vie, devant une table de bridge. Il avait suffi, pour me décider, qu'on me dise que j'avais des dispositions pour ce jeu et qu'on m'en montrât la facilité.

Ely Culbertson, dont les livres sur le bridge ont connu un succès extraordinaire et ont été traduits en douze langues, m'a avoué que, s'il est devenu un professionnel de ce jeu, c'est uniquement grâce à l'encouragement d'une femme.

Il avait essayé toutes sortes de métiers. Mais jamais l'idée ne lui était venue d'enseigner le bridge. Non seulement il était médiocre joueur, mais encore il était obstiné et si ergoteur que personne ne voulait jouer avec lui.

C'est alors qu'il rencontra Joséphine Dillon, jolie fille qui donnait des leçons de bridge. Il l'aima et l'épousa. Elle avait observé avec quel soin il analysait ses cartes et elle le persuada qu'il avait pour le bridge des dispositions merveilleuses, insoupçonnées. C'est ce compliment, et rien d'autre, affirma-t-il, qui fut à l'origine de sa carrière.

Parfois, quelques encouragements suffisent à accomplir des miracles.

Clarence M. Jones, l'un des animateurs de notre Entraînement à Cincinnati, Ohio, nous a raconté comment en l'encourageant, en faisant en sorte que l'erreur semble facile à corriger, il a réussi à provoquer un changement complet dans la vie de son fils.

« En 1970, mon fils David, alors âgé de quinze ans, est venu vivre avec moi à Cincinnati. Il avait mené une vie dure. En 1958, une profonde blessure à la tête, lors d'un accident de voiture, lui avait laissé sur le front une vilaine cicatrice. Jusqu'à quinze ans, sa scolarité s'était passée dans des classes spéciales pour enfants retardés. Sans doute à cause de sa cicatrice, l'administration de l'école considérait que son cerveau avait été touché et ne fonctionnait pas normalement. Il avait deux ans de retard et ne savait pas ses tables de multiplication.

« Un point positif toutefois : il s'intéressait beaucoup aux appareils de radio et de télévision. Il voulait devenir réparateur de TV. Je l'encourageai dans cette voie et lui fis remarquer qu'il avait besoin des mathématiques pour obtenir le diplôme nécessaire à cette qualification. Je décidai de l'aider à progresser dans cette matière.

« Nous nous sommes procuré quatre jeux de fiches : multiplication, division, addition et soustraction. À mesure que nous progressions, nous mettions les bonnes réponses d'un côté et les mauvaises de l'autre. Quand David fournissait une mauvaise réponse, je lui indiquais la bonne, puis plaçais la fiche dans le paquet "à refaire", et ainsi de suite jusqu'à ce qu'il n'en reste plus. Je mettais en valeur chacune de ses réponses justes, surtout quand précédemment la réponse avait été fausse. Tous les soirs, nous reprenions le paquet à refaire jusqu'à ce qu'il ne reste plus de fiches.

« Chaque soir, nous minutions l'exercice au chrono. Je lui promis que, s'il me donnait toutes les réponses en huit minutes, nous arrêterions l'exercice. Ceci semblait être un objectif possible à atteindre. Le premier soir, il lui fallut cinquante-deux minutes, le deuxième soir quarante-huit, puis quarante-cinq, quarante-quatre, quarante et une, puis au-dessous de quarante minutes. Nous fêtions chaque progrès. J'appelais ma femme, nous l'embrassions tous les deux et nous nous mettions tous trois à danser de joie. À la fin du mois, toutes ses réponses étaient correctes en moins de huit minutes. Chaque fois qu'il faisait un léger progrès, il demandait à tout recommencer. Il avait fait une découverte fantastique : apprendre était facile et amusant.

« Naturellement, il fit de réels progrès en maths. Étonnante, la facilité avec laquelle on progresse en maths quand on sait multiplier ! Il s'étonna lui-même en rapportant un B à la maison. Cela ne lui était jamais arrivé auparavant. D'autres changements se produisirent avec la même incroyable rapidité. Il se mit à développer ses talents naturels pour le dessin. Plus tard, au cours de l'année, son professeur de technologie le chargea même de faire une exposition. Il choisit de fabriquer une série très complexe de modèles réduits pour démontrer l'effet des leviers. Cela demandait de l'habileté, non seulement pour les croquis et la maquette, mais aussi pour les mathématiques appliquées. Son exposition lui rapporta le premier prix à la foire de la science de son école ; il fut même admis à participer au concours de la ville de Cincinnati où il remporta le troisième prix.

« Voilà un enfant qui avait été recalé deux années de suite, à qui on avait dit que son cerveau avait été endommagé, un enfant que ses camarades traitaient de Frankenstein dont le cerveau avait fui par sa blessure à la tête ! Et il découvrait qu'il pouvait vraiment apprendre et créer. Le résultat ? De la quatrième à l'université, il figura régulièrement au tableau d'honneur. Après avoir compris qu'apprendre était facile, sa vie entière en fut changée. »

Si vous voulez aider les autres à progresser, rappelez-vous le…

► PRINCIPE 29 ◄

Encouragez. Que l'erreur semble facile à corriger.

CHAPITRE 30

Comment motiver

On était en 1915. Depuis plus d'un an, les nations d'Europe s'entretuaient dans le plus effroyable massacre jamais vu. L'Amérique était plongée dans la consternation. Pourrait-on jamais rétablir la paix ? Nul ne le savait. Cependant, Wilson était résolu à faire un effort pour y parvenir. Il allait envoyer un émissaire pour tenir conseil avec les dirigeants européens.

William Jennings Bryan, l'apôtre de la paix, brûlait de partir. Il entrevoyait la possibilité de servir une grande cause et de rendre son nom immortel. Mais Wilson choisit un autre homme, le colonel House, son ami intime. Et c'est à ce dernier qu'incomba le difficile devoir d'annoncer la nouvelle à Bryan.

Il rapporta l'entrevue dans son journal :

« Bryan se montra fort désappointé quand il sut que j'étais chargé de la mission qu'il convoitait.

« Je répondis que le Président était d'avis qu'il serait peu prudent de rendre cette démarche officielle. Or, si Bryan partait, *sa personnalité fort connue attirerait l'attention, on se demanderait pourquoi il était venu...* »

« Vous êtes trop important pour cette mission », voilà ce qu'il laissait entendre. Et Bryan fut satisfait.

Adroit et expérimenté, le colonel House mettait en pratique l'un des grands principes qui régissent les rapports des hommes entre eux : *Faites en sorte que les autres soient heureux de faire ce que vous suggérez.*

Quand Wilson invita McAdoo à faire partie de son cabinet, il observa aussi ce principe, et, pourtant, ce qu'il proposait n'était pas un sacrifice, mais, au contraire, un immense honneur. Il agit de telle sorte que l'autre se sentit doublement flatté. Laissons McAdoo raconter l'épisode :

« Wilson me dit qu'il serait très heureux si je voulais bien accepter le portefeuille de secrétaire du Trésor. Il avait une manière exquise d'exprimer les choses : il me donnait l'impression qu'en acceptant ce grand honneur, c'était encore moi qui lui ferais une faveur. »

Malheureusement, Wilson ne faisait pas toujours preuve d'un tel tact. Sinon, le cours de l'histoire aurait pu être différent. Par exemple, il n'a pas rendu le Sénat ni le Parti républicain heureux en voulant faire adhérer les États-Unis à la Société des Nations. Wilson refusa d'emmener avec lui à la conférence pour la paix d'éminents leaders républicains comme Elihu Root, Charles Evans Hughes ou Henry Cabot Lodge. Au lieu de cela, il choisit quelques inconnus de son propre parti, les démocrates. En snobant les républicains, il ne leur a pas permis de croire que la SDN était autant leur idée que la sienne, il leur a refusé une part de gâteau. En résultat de cette médiocre gestion des relations humaines, il a saboté sa carrière, ruiné sa santé, abrégé sa vie et poussé le Sénat américain a voté contre l'adhésion des États-Unis à cette Société qu'il appelait de tous ses vœux, altérant au bout du compte le cours de l'histoire.

Les hommes d'État et les diplomates ne sont pas les seuls à appliquer le principe « Rendez les autres heureux de faire ce que vous suggérez ». La célèbre maison d'édition Doubleday Page a toujours obéi à cette règle : *Rendez l'autre personne heureuse de faire ce que vous lui suggérez.* Cette firme appliquait cette devise avec une telle expertise que même le fameux auteur de nouvelles, O. Henry, déclara que quand Doubleday Page lui refusait une histoire, ils le faisaient avec une telle grâce, une telle appréciation de son travail, qu'il se sentait mieux après avoir essuyé leur refus qu'après l'acceptation d'un autre éditeur !

Si ce talent semble naturel chez certains, n'importe qui peut le maîtriser à condition de reconnaître son importance. Il s'agit à vrai dire de trouver le moyen pour que les autres gagnent quelque chose à nous aider ; de la reconnaissance, de l'appréciation et une récompense pour leur coopération. Dale O. Ferrier, de Fort Wayne dans l'Indiana, a raconté comment il a encouragé un de ses jeunes enfants à accomplir de bonne grâce les corvées dont on le chargeait :

« L'une de ces corvées consistait à ramasser les poires pour que la personne chargée de tondre la pelouse n'ait pas à s'arrêter sous les poiriers pour les enlever. Il n'aimait pas ce travail et il lui arrivait souvent soit de ne pas le faire du tout, soit de le faire si mal que, pour couper l'herbe, il fallait quand même s'arrêter et ramasser les poires oubliées. Pour éviter un affrontement, je lui dis un jour : "Jeff, je te propose un marché. Pour chaque panier de poires que tu ramasseras, je te donnerai un dollar. Mais si, ton travail terminé, je trouve encore des poires par terre, je t'enlèverai un dollar par poire. Qu'est-ce que tu en dis ?" Comme c'était à prévoir, non seulement il ramassa toutes les poires mais je dus le surveiller pour qu'il n'en cueille pas dans les arbres afin d'en remplir ses paniers ! »

Je connais un orateur qu'on invite de tous côtés à donner des conférences. Comme il ne peut satisfaire tout le monde, il est constamment obligé de refuser, mais il le fait d'une manière si habile que le solliciteur s'en va content malgré tout. Comment opère-t-il ? Évidemment, il ne se borne pas à dire qu'il est surchargé de travail, etc. Non. Après avoir exprimé ses remerciements et le regret de ne pouvoir accéder à la demande formulée, il s'empresse de suggérer un remplaçant. En somme, il ne laisse pas à l'intéressé le temps d'éprouver une déception. Il fait vite dévier sa pensée vers l'autre conférencier.

Gunther Schmidt, participant à notre Entraînement en Allemagne, nous raconta qu'une employée de son magasin négligeait de placer correctement sur les rayons les étiquettes de prix. Cela créait un désordre dont les clients se plaignaient. Remarques et remontrances n'y faisaient rien. Finalement, M. Schmidt la convoqua dans son bureau, lui annonça qu'il la nommait responsable des étiquettes pour tout le magasin et qu'à l'avenir elle devrait veiller à un étiquetage correct des rayons. Cette promotion changea radicalement son attitude et, depuis ce jour, elle s'acquitta parfaitement de ses fonctions.

Pour modifier une attitude ou un comportement, il est utile de garder en mémoire les points suivants :

1. **Soyez sincère.** Ne faites pas de fausses promesses. Oubliez votre propre intérêt et concentrez-vous sur l'intérêt de votre interlocuteur.

2. **Sachez exactement ce que vous voulez que votre interlocuteur fasse.**

3. **Mettez-vous à la place de votre interlocuteur.** Demandez-vous ce qu'il veut réellement.

4. Considérez les avantages que votre interlocuteur peut retirer en accomplissant ce que vous lui proposez.

5. Faites que ces avantages soient en accord avec les désirs de votre interlocuteur.

6. Quand vous faites votre proposition, formulez-la de telle manière que votre interlocuteur comprenne qu'il va en retirer un avantage personnel.

Bien sûr, nous pourrions donner un ordre direct du style : « John, nous recevons des clients demain et il faut absolument que le bureau soit propre. Alors, passez le balai, rangez les papiers sur les étagères et faites briller les tables. » Nous pouvons aussi exprimer la même idée en montrant à John le bienfait qu'il peut en retirer. « John, nous avons un travail à terminer sans perdre une minute. Je dois recevoir quelques clients demain. J'aimerais leur montrer le bureau, mais il est en triste état. Si vous pouviez balayer, ranger les dossiers sur les étagères, faire briller les tables, nous serions plus crédibles et vous auriez contribué à la bonne image de l'entreprise. »

John ne sera peut-être pas très heureux de faire ce que vous lui proposez, mais plus heureux tout de même que si vous n'aviez pas mentionné ces avantages. À supposer que John soit fier du magasin et ait à cœur de contribuer à l'image de marque de l'entreprise, il y a de fortes chances pour qu'il coopère.

Il serait naïf de croire que vous obtiendrez toujours de cette façon une réaction favorable. Mais si vous n'augmentez vos succès que de dix pour cent, vous êtes tout de même un leader dix pour cent plus efficace – ce qui, pour vous, est un avantage certain.

Vous trouvez cela puéril ? Peut-être. C'est aussi la remarque que l'on fit à Napoléon lorsqu'il fonda la Légion d'honneur, distribua quinze mille croix à des soldats, donna le grade de « maréchal de France » à dix-huit de ses généraux et le nom de « Grande Armée » à ses troupes. À ceux qui se moquaient de lui parce qu'il récompensait ses rudes vétérans par des « hochets », il répondit : « Les hommes sont gouvernés par des hochets. »

Sachons, comme Napoléon, dispenser les titres et l'autorité, et nous obtiendrons les mêmes résultats que lui.

Mme Gent, une de mes amies dont je vous ai déjà parlé, avait, devant sa maison, une belle pelouse que des garnements s'amusaient à piétiner et à ravager. Réprimandes, menaces, cajoleries, rien n'y faisait. Alors, elle usa d'un autre stratagème. Elle appela le plus enragé des coupables, le promut « détective » et le chargea de chasser de sa pelouse tous les intrus, quels qu'ils fussent. Du coup, elle avait résolu le problème. Le « détective » alla même jusqu'à faire un feu derrière la maison, y fit chauffer à blanc une petite barre de fer, et menaça de brûler le premier garçon qui oserait marcher sur la pelouse !

Il avait manifestement pris son rôle – un peu trop – à cœur…

Les autres vous suivront plus facilement si vous utilisez le…

> ► PRINCIPE 30 ◄
>
> Rendez les autres heureux
> de faire ce que vous suggérez.

En résumé
Neuf façons de changer les gens sans les offenser ni éveiller leur ressentiment.

► Principe 22 ◄

Commencez par des éloges sincères.

► Principe 23 ◄

Faites remarquer erreurs ou défauts de manière indirecte.

► Principe 24 ◄

Mentionnez vos propres erreurs avant de critiquer celles des autres.

► Principe 25 ◄

Posez des questions plutôt que de donner des ordres directs.

► Principe 26 ◄

Laissez votre interlocuteur sauver la face.

► Principe 27 ◄

Louez le moindre progrès et chaque amélioration. Faites cela chaleureusement et généreusement.

► Principe 28 ◄

Donnez une belle réputation à mériter.

► Principe 29 ◄

Encouragez. Que l'erreur semble facile à corriger.

► Principe 30 ◄

Rendez les autres heureux de faire ce que vous suggérez.

Chers lectrices et lecteurs,

Vous avez entre les mains un ouvrage qui depuis plus de quatre-vingts ans accompagne des millions de personnes au quotidien. Il s'agit même de la 10e vente de l'histoire du livre.

Les principes de relations humaines et de communication qu'il recense sont indispensables à toute réussite professionnelle et personnelle.

Dale Carnegie est considéré comme le « Père des relations humaines ». À l'heure de la communication numérique permanente, ses méthodes que vous avez découvertes au fil des pages restent, plus que jamais, d'actualité. Prendre conscience de l'importance de renforcer notre confiance en nous, notre impact en communication ou plus globalement l'image que nous projetons est la première étape dans le développement de nos échanges avec les autres.

Pour aller plus loin, chaque année, à travers le monde, plus de 150 000 personnes suivent avec enthousiasme l'entraînement phare de Dale Carnegie « Communication et Leadership ».

Après lecture de cet ouvrage, peut-être déciderez-vous, vous aussi, de poursuivre l'aventure.

Donna Carnegie

Composition réalisée par PCA

Achevé d'imprimer en France par
CPI BRODARD & TAUPIN (72200 La Flèche)
en octobre 2024
N° d'impression : 3058667
Dépôt légal 1re publication : février 2023
Édition 04 - octobre 2024
LIBRAIRIE GÉNÉRALE FRANÇAISE
21, rue du Montparnasse – 75298 Paris Cedex 06

68/3127/8